避難所

人の記録

取材・文 頓所直人
Tonsho Naoto
写真 名越啓介
Nagoshi Keisuke

2011年8月7日。宮城県石巻市不動町「明友館」。避難所のみんなでひらいた夏祭り。

2011 年 4 月 12 日。

ギターを弾く「明友館」の千葉恵弘さん（リーダー）と糸数博さん（班長）。

この日、「悲しみは３日で捨てた」と話してくれた。

報道されていた避難所の暗いイメージとは明らかに違っていた。
ギターを弾く人、子供と老人で将棋を指したり、お酒を飲んだりと、
被災者の方々が笑顔で生き生きしているようにみえた。

丹野愛佳ちゃん。「明友館」のアイドル的存在。全国からファンレターが届くようになる。

石巻 明友館
石巻 明友

櫻井君雄さん（火守りのじぃ）。震災当日は高台に避難していた人々のために火をおこした。
その火は、櫻井さんの手によって絶やされることなく、人々の心と体を温めた。

山内克之さん（山ちゃん）。気は優しくて力持ち。明るい笑顔で物資を運ぶ。

滝澤さん一家。 芳次郎さん（父）、紀美子さん（母）、美奈子さん（長女）、遼太郎さん（長男）。

2011 年 5 月 7 日入所中。

2011 年 7 月 9 日出所当日。

滝澤さん一家は、人付き合いが良く、本気でつくせる人々。
この日は、亡くなった近所の方にお花を供えていた。

滝澤芳次郎さんは、ベートーベンを愛している。

山田亜樹さん（あきちゃん）。

4月16日、初めて会ったときは話しかけることができなかった（左）。

6月4日、あきちゃんから声をかけてくれた（右）。

糸数博さん（班長）。班長はチューバの奏者でもある。チューバは宝物。
津波で車は破壊されたが、車内にあったチューバは唯一助かった。
しかし、その宝物を手放し、今一番必要とされる「車」を手に入れた。

松本敬子さん。200 着以上の着物を持っていたが、すべて津波で流された。
この日は、着物を借りて来てくれ、踊りを見せてくれた。

7月31日。石巻・川開き祭り前夜の灯籠流し。

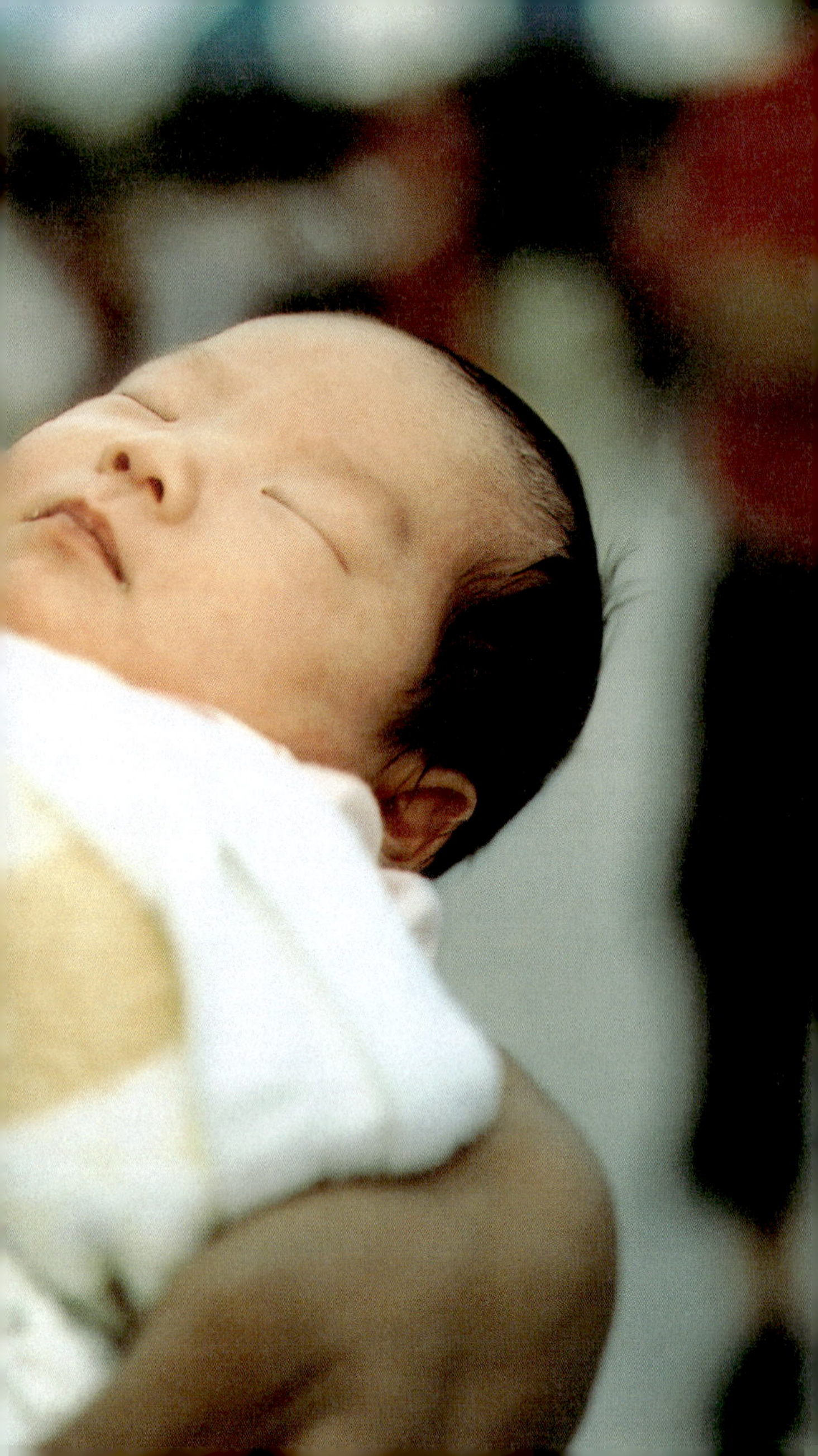

2011 年 4 月 18 日「明友館」の前にて。

2011 年 12 月現在は、石巻・みなと荘へ移転し、今なお支援活動を続けている。

笑う、避難所

石巻・明友館 136人の記録

取材・文 頓所直人
Tonsho Naoto
写真 名越啓介
Nagoshi Keisuke

目次

第一章　自主避難所「明友館」誕生　7
地震発生／真っ黒な津波／自主避難所「明友館」の誕生／水を運んできた男／真夜中のおにぎり／瓦礫のなかの食料調達／リーダーと班長／唯一のルール

第二章　「役割」を果たす避難民　37
避難民からの物資提供／男たちの作戦会議／食をつなぐ女たち／ひとつになる〝地域〟／ゲームをやめる子供たち

第三章　リーダー・千葉恵弘　57
千葉の携帯が「外」とつながる／「千葉貞」に生まれて／「千葉貞」の名が邪魔をする／「石巻の千葉ちゃん」から堅気の世界へ／成田との出会い／自由な世渡り

第四章　支援する避難所　77
物資の山が届く／避難民による支援開始／

受け入れ拒否の避難所に横から突っ込む／なんでも揃う物資庫／
支援物資の最後の砦／子供施設への重点支援／つながる支援の道

第五章　奇跡の避難所　121
火の番人／倉庫の番人／班長

第六章　明友館に集う人々　131
PHANTOM　GATE代表　成田智浩／
㈱日本都市・代表取締役兼マハラジャ六本木・オーナー　大原俊弘／
シンガーソングライター　さだまさし

第七章　これからの明友館　149
行政施設という運命／困っている人がそこにいる／
支援の手が続く限り

あとがき　156

石巻消防署
JR石巻駅
石巻大橋
◉明友館
●石巻市民会館
●石巻市役所
牧山トンネル
西内海橋
東内海橋
●湊小学校
みなと荘
旧北上川
日和大橋
石巻湾
0
250
500m

第一章　自主避難所「明友館」誕生

地震発生

頭で考えるよりも先に、本能が命の危険を知らせるほどの揺れだった。部屋にあるものが、音を立てながら大きく左右に揺さぶられる。強い揺れは、しばらく続いた。息を潜め、地震が行き過ぎるのを待ち、もう収まっただろうと思ったつぎの瞬間、体ごと突き上げられるような衝撃が襲ってきた。建物はそのままへし折られてしまうのではないかと思うほどに激しく震え、部屋の壁、床、全方向から建物が軋《きし》む不気味な音が響き渡る——。

二〇一一年三月十一日、十四時四十六分に宮城県牡鹿半島の沖百三十キロの海底で発生した地震は、日本での観測史上最大となるマグニチュード九・〇を観測した。

このとき、後に「奇跡の避難所」と呼ばれることとなる宮城県石巻市不動町二丁目にある勤労者余暇活用センター「明友館」では、職員八人が仕事をしていた。明友館は鉄筋コンクリート二階建ての白い建物で、一階と二階に和室や調理室、講習室など八つの部屋があり、それぞれを市民に時間貸しで開放している施設である。普段は、日本舞踊や華道、料理教室などが開かれているが、認知度は低く、隣接する客席数千五百席の石巻市民会館の隣の建物といった方が市民への通りはいい。館内には、八つの部屋以外にもシャワー室や職員が仕事をする事務室、機械室などがある。

地震が発生したとき、職員のうちのひとりで明友館に出向職員として勤務していた、糸数博（三十二歳）も震度六強のなかにいた。

「事務所にあったあらゆるものが、凶器となって襲ってきました。僕は自分の机と、後ろにあったスチールの棚の間で、押しつぶされないように机と棚を必死で押さえていました。自分にできたことは、ただ揺れが収まるのを待つだけでした」

とても長く感じられた恐怖の時間が過ぎた後には、すべてが変わっていた。本棚の本は床に投げ飛ばされ、間仕切りのパーテーションは引き倒され、はめ込まれていたガラスは見事に割れ、整然としていた事務所は、ほんの数分で足の踏み場もない状態となった。

窓の外には、彼がこれまで見てきた、災害の映像や、映画などで見知ってきたはずのシーンがまるで及ばない生々しい光景があった。

「電信柱は傾き、駐車場のアスファルトは裂け、液状化現象によって茶色い泥水がそこらじゅうから溢《あふ》れていました」

地震の恐怖から解放されたものの、いつまた余震が襲ってくるかわからない不安を抱えた近所の住民たちは、静かなパニックを起こしながら路上に出てきていた。

明友館のある不動町二丁目は、旧北上川の河口から約三キロの東側沿いに面した区画にある。その川岸に家を構える五十五歳の電気工事業・松本一彦は、この日、仕事を早く終えてすでに自宅に戻っていた。自宅の一階でコーヒーを淹《い》れ、二階の自室でくつろいでいたところ、突然の激しい揺れに襲われた。

すぐさま階下にいる年老いた母親のもとへと、壁を伝いながら階段を下りていく。居間でお茶を飲みながらテレビを見ていた母を助けるために、ガタガタと激しく揺れていまにも倒れそうな冷蔵庫を慌てて背中で押さえ、腕を突っ張り棒にして茶簞笥《ちゃだんす》を押さえた。

揺れが収まり、もともと杖《つえ》なしでは歩くことがままならない母親を促して、靴を履かせて南側の庭に面した縁側に座らせた。自宅の北側にある家には、ひとり暮らしの高齢の女性が住んでいたため、その家にも様子を見に行った。その間、川沿いの電信柱に取りつけられた防災無線からは繰り返し大津波警報が発せられていた。

「私より年配の人なんてのは、昭和三十五年のチリ津波を経験してますからね。あのときは、川の水が全部引いたって言います。去年、死んだうちの親父は、川底が見えたって言ってましたから。でも、津波そのものは家の前の土手にざぶーっとかぶっただけだったんですよ。この辺のお年寄りには、あの経験が頭にあったから、油断というのか、そういうのがあったんだと思います。私も地震が収まった後、川を見に行きました。確かに引いてることは引いてると。でも、こりゃたいしたことねえなって。防災無線も『大津波警報が発令されました』って慌てるでもない声で言うだけだし。だから防災無線はね、オレから言わせれば、もっと騒げば良かったんですよ。『大津波警報が出たぞ！　とにかく高台に逃げろ』ってね。おとなしい口調で言ったって、年配の人なんて絶対に動かねえって」

逃げ遅れがないか、もう一度、北側に住むお年寄りの家を見回り、さきほどまで開いていた玄関が確かに閉まっていることを確認して、母親とともに避難しようと家に入ろうとしたそのときだった。

「振り返ると、水面から二メートルはある岸を越えて水がザーッと上がってきたんです。ジワジワではないですよ。すごい量の水が一気に川から溢れてきたんです」

真っ黒な津波

地震発生から四十分ほどで、不動町にも第一波が到達している。川幅が三百メートルほどもある旧北上川の水は大きく引くことなく、津波は川を覆うようにやってきた。松本は、慌てて家に入り川のある方とは反対側にある勝手口から母親を連れ出し、庭続きになっている妹の松本敬子が住む隣家へと逃げ込んだ。距離にして、わずか十メートルほどを母親の手を引いて必死に逃げた。

「妹の家に入って、おふくろを引っ張って二階に上がっている最中に、家のなかにまで水が入ってきて、階段の五段目まで一気に上がってきた。もうザバザバですよ。階段の下から母親を押し上げていた妹は、ひざの下まで水に浸かってました」

間一髪で二階へと上がったものの、津波の恐怖はその後、何度も押し寄せる。

「二階から見てたら、石巻大橋よりも高い真っ黒な波が来た。正直、あの高さのまま津波が来たらお終《しま》いだと思った」

妹の敬子も、そのときのことを鮮明に覚えている。

「地震の後も、息子と娘にはたまたま電話がつながったんです。息子はあの日、日本製紙（石巻湾に面した巨大な工場）の構内にいて、日和山に逃げました。そこからかけてきた電話がつながったんです。そしたら、『大きいのが行ったぞ！』って。息子と話してる間に、『ゴーッ』っとすごい大きな音が迫ってきました。兄も窓から外を見ながら、『あの津波が大橋を越えたら、もうダメだ』って」

石巻大橋は、旧北上川にかかる橋で、石巻市街地と女川町方面をつないでいる。橋の全長は約三百五十メートル、橋げたの高さは川から七～八メートル、橋の欄干となれば十五メートルはあろうか。

「母が『あなたたちだけでも屋根の上に登って』って言うんだけど、そんなことできないでしょ。死ぬときは三人で、もうここまで来たら仕方ないっていう諦めもありました」

二階の窓からはすぐ目の前に川が見える。普段はゆったりとした流れでおだやかな表情を見せる旧北上川。夕方になると、川を挟んで西の方角に見える燃えるような夕焼け空が川幅の広い川面に映える。この辺りにはプレジャーボートが係留され、夏になれば石巻市の夏祭りである川開き祭りの花火がよく見える。川開き祭りの日には、近所の住民は川岸を陣取り、昼から酒を飲んでは夜の花火を待つのだった。不動町の住民にとって旧北上川は、普段は意識せずとも毎日、肌でその大きな存在を感じさせる川である。そのおだやかなはずの川はこの日、とても残酷な光景を松本一家に見せていた。

「逆流する川の上を家が流されていくんです。屋根の上には人がいて、『助けてー』って叫んでる。でも、こっちではどうしようもなく、見ているだけしかできないんです。そうしたら引き波で戻ってくるじゃないですか。それでも何もできなかったっていうのが……。あのときは、私たちも覚悟を決めてました。大橋を越える津波が来たら助からないって」

どす黒い壁のように、川いっぱいに広がりながら大橋に迫った津波は、橋を越えることなく欄干の下に潜り込むようにして、その力を弱めた。それでも、一彦の自宅には川岸を乗り越えたプレジャーボートが突っ込み、家の前の道路は二メートル以上の高さまで津波が押し寄せた。一階は天井の高さまで浸水し、家にあったあらゆる物は流され、様々な物が流れ着いていた。松本一彦と妹の敬子、母親の三人は、敬子宅の二階で不安と寒さにうち震えながら一夜を過ごした。

一彦は、親子三人で津波の難を逃れたことについて、こう振り返る。

「うちの親父は去年、亡くなってるんです。親父は多少は動けたものの、だいたいベッドの上で寝たきりでした。あの震災のときに親父が生きていたら、オレは親父かおふくろのどっちかを殺してたなって思います。あるいは自分も一緒か。ふたりを二階に上げるなんて絶対無理だ、助けられねかったべなって。だからといって、どっちかなんて選べねえって。親父には先に逝ってもらってよかったなと考えるときがありますよ」

不動町では七名の方が、命を落としている。

自主避難所「明友館」の誕生

石巻市は、二〇〇五年に周辺の河北町、雄勝町、河南町、桃生町、北上町、牡鹿町と合併している。現在でも、消防や警察、行政サービスにおいてはもとの各町ごとに河北地区、雄勝地区というように区分がされている。

明友館のある不動町は旧石巻市、つまり現在の石巻地区にある。石巻地区の東側を旧北上川が南北方向に伸びており、河口から約三キロほど上流に石巻大橋がある。石巻大橋を西から東、石巻市街から女川町方面へと渡ったところに不動町がある。大橋を渡って直進すると女川町へと向かう全長約千六百メートルの牧山トンネルがあり、ちょうど橋を渡りきった辺りが明友館のある不動町二丁目である。川に沿って海側の南に行くと不動町一丁目がある。

不動町二丁目は旧北上川と、背後にある標高二百五十メートルの牧山に挟まれた狭い区画に位置している。広さは川に沿って約五百メートル、川から牧山までの三百〜四百メートルの間に広がる長方形と思えばいいだろう。その区画には、約百六十世帯、四百人近い住民が住んでいる。川と並行して走る道幅二十メートルほどの道路に面して、明友館を始め、石巻市民会館、石巻市民プールといった行政施設、さらには市民にも馴染《なじみ》深い『プレナミヤギ』という、ボウリング場とアイススケートリンク、ゲームセンターを併設した大型の遊戯施設と、二階建ての駐車場を備えた『夢広場ニューセブン石巻店』というパチンコ屋が建っている。つまり、そう広くない地域に大型の行政施設や民間の娯楽施設があるため、住宅地域は川と道路に挟まれた一角でひっそりとしている。

不動町には、災害時の指定避難場所として石巻市民会館がある。今回、津波警報を聞いて避難してきた住民たちは市民会館へと向かった。ところが、市民会館の建物は昭和四十二年の竣工からすでに四十三年が経ち、耐震性に不安があった。そのため多くの人たちは、市民会館の隣にある鉄筋コンクリート二階建ての明友館へと避難した。

津波警報が鳴り響くなか、糸数は明友館へと住民を誘導していた。

「津波が来ますから、二階にお上がりください！」

明友館には、市民会館と共用の二百台以上が停められる駐車場がある。津波警報が発令されてから、かなりの時間が経っていた。それでも、駐車場や路上には、家族や友人を待つ多くの住民が残っていた。そのときだった。

「津波が来たぞ！　二階へ逃げろ！」

という声があがった。まさかここまで、と思う住民たちに、真っ黒な津波があらゆる物を破壊しながら轟音《ごうおん》を立てて迫ってきた。まだ外に残っていた人も、慌てて明友館の二階へと駆け上がった。だが、一階では若者数人が車いすに乗った高齢の女性を二階へ運ぼうと苦闘していた。もう津波はそこまで来ている。糸数に迷っている時間はなかった。

「僕もおばあさんを二階へ上げるのを手伝いました。その間も、水は建物のなかへ流れ込み水かさを増していきました。なんとかおばあさんを階段の踊り場まで上げたとき、すでに階段の二段目まで水が来てました」

辺りは一面、重油と汚水とヘドロが混ざった真っ黒な海と化していた。地震さえ収まれば、すぐに家に帰れるだろうと避難してきた不動町の住民たちの思いは、津波とともに流されていった。

日が暮れた後も、停電で暗くなった街には津波の迫る不気味な音と、体を強張らせる余震が何度も押し寄せた。すでに、さきほど車いすのお年寄りを上げた階段の踊り場の一段下まで水は来ていた。もはや、ここから出ることすら叶わない。この場所こそが、住民たちの拠るべき避難所となっていったのだ。

こうして、自主避難所「明友館」が誕生した。彼らはこれから、生き抜くことに真正面から立ち向かい、互いに助け合い、その手を大きく広げていくことになる。あまりにも悲惨な震災のただ中にありながら、明友館はある種の光を帯びてゆくのである。

水を運んできた男

地震発生の夜、着の身着のままで避難してきた百人を超える数の住民たちは、暗闇のなかで身を寄せ合うようにしていた。リノリウムの固く冷たい床の上で、寝ることもままならず、三十分の間を空けることなく襲ってくる余震に神経をすり減らし、ただ夜が明けるのを待っていた。

翌日になっても、状況に大きな変化はなかった。前日、津波と前後するように降り始めた雪は止《や》み、空は晴れ渡っていた。明友館の一階は、人の背丈よりも高い天井ぎりぎりまで津波が押し寄せ、どこから来たのか、車のタイヤや材木、どこかの家庭で使われていたであろう家財道具などが流れ着き、そのすべてが真っ黒な泥に覆われていた。どこから手をつければいいのか、目の前に立った者の思考を停止させるほどに混乱していた。

糸数は、職員としての責任を感じていた。

「一夜明けて、まずすべきことは食料と水の確保でした。でも、一階には、重油にまみれた泥が十センチ以上も堆積《たいせき》していたし、瓦礫《がれき》が滅茶苦茶な状態で積み重なり、一階に降りて行くことすら容易にできませんでした」

明友館に避難してきた約百三十名のうち、力仕事ができる人はせいぜい十数人。あとは女性と子供、六十五歳以上のお年寄りばかりだった。

動ける男たちは、まず一階の瓦礫の山をどかしながら、とりあえずの足場になりそうな下駄箱や机などを泥の上に渡して、壁に手をつきながらどうにか人が歩ける通路を作った。

糸数は、普段、部屋の貸出や管理業務をしていた玄関を入ってすぐ右手の広さ十二畳ほどの事務所に入り冷蔵庫を開けた。あったのは、来客用に買ってあったペットボトルのお茶と、少量の調味料だけだった。とても、百三十人の空腹を満たせるような物ではなかった。そもそも明友館は、地域のカルチャーセンターである。備蓄などがあろうはずもない。それでも、飲み水が一切ないなかではペットボトルのお茶はとても貴重な飲み物となった。

震災翌日になっても、行政からの支援物資は一切届かなかった。それもそのはずで、行政から届けられたパンやおにぎり、飲料水などの大量の物資はいったん、津波の被害がなかった海から離れた石巻市総合運動公園に運ばれ、そこから津波の被害が及んだ地域に物資を運ぶのは、土地鑑のない自衛隊だった。そのため、向かう先はどうしても行政が定めた指定避難所だった。石巻地区には、小中高校や公園、体育館など、指定避難所だけでも八十二ヵ所あった。しかし、自衛隊といえども瓦礫の山に阻まれて、指定避難所にすら行きつけないという状態だった。

三月十四日になり、ようやく石巻市の職員が自衛隊の物資運搬に加わり、避難所に指定されていない自主避難所を回るようになる。自主避難所とは、近所のお年寄りなど指定避難所まで行くのに困難を伴う人たちが一時的に逃れる場所であり、特別に規定などがあるわけではない。町の集会場であったり、スーパーの二階であっても避難している住民がいれば、そこは自主避難所となる。そのため、どこに住民が集まっているのかは、建物をつぶさに調べていくしかないのである。支援物資を運搬していた石巻市産業部の職員によれば、十四日以降の物資運搬も思うようにはできなかったという。

震災当初、八万人とも言われた石巻の避難民に対して、届いた食料の数は圧倒的に足りていなかった。震災翌日にはおにぎりとパンが合わせて七〜八万食届いているが、それが避難民の手に届いたとしても一日おにぎり一個、パン一個である。しかも、震災当初は、行政からの物資は毎日安定して届いていたわけではない。四月に入り、物資が安定したころで七万二千人の避難民に対して、一日におにぎり十二万食、パン十一万食、合計二十三万食が配られているのだから、いかに被災直後に食べ物がなかったのかがわかる。ほとんどの避難所では震災から数日、ひどいところでは一ヵ月近くもろくな食べ物や飲み物がなかった。

明友館にも、行政からの物資は届いていない。しかし、震災二日目の厳しい状況のなか、ペットボトルの水を運んできた人物がいる。不動町の住人で、普段は業務用大型冷蔵庫設置の仕事をしている丹野正樹（三十五歳）だ。

丹野は松本一彦の娘・佳奈の夫で、明友館では「まっちゃん」の愛称で親しまれている。

丹野は、石巻から車で一時間ほどの内陸の町・大崎市古川で仕事中に被災したため、震災当日は不動町まで帰ることはできず、津波を免れた同僚宅で夜を明かした。震災二日目は朝五時半に起き、同僚の車で石巻市街地の行けるところまで送ってもらい、そこから不動町の自宅を目指して歩きだした。この日の彼の道程は、ヘドロの道を瓦礫を乗り越えながら進むという過酷なものだった。

まず、妻の佳奈が避難した石巻消防署へ向かった。消防署で佳奈の安全を確認するや、消防隊員から二リットル入りのペットボトル二本と、チョコレートを貰い、八歳の娘・愛佳が避難しているであろう湊地区の湊小学校に向かった。消防署から湊小学校は、旧北上川を挟んでおり、車でも十分以上はかかるが、それは津波の来る前の最短距離を進んだ場合である。普段通る道はほぼ冠水していたため、大きく北側へ迂回《うかい》し、ＪＲ石巻線の線路を歩いて川を越えて行かねばならなかった。

湊小学校への途中に不動町があり、丹野一家が義父・松本一彦と同居する家がある。丹野が自宅の様子を見に行くと、自宅前は大量のヘドロと水でひざまで浸かるような最悪の状態だった。自宅隣の敬子宅では、足の悪い祖母を安全な場所まで移動させることができずにいた。丹野は、自宅へ戻る途中でブルドーザーが走っていたのを思い出し、ブルドーザーのオペレーターに頼んで、バケットの上に祖母を乗せて明友館まで避難させた。このとき、すでに午後二時をまわっていた。

この後、丹野は湊小学校へ娘の愛佳を迎えに行き、ペットボトルの水を約二千人が避難していたといわれる湊小学校に置いて、明友館まで戻ってきた。明友館から湊小学校への道は海方面へ向かうため押し流されて来た家屋や車、陸に乗り上げた船など、現実感のない風景が行く手を阻んでいた。そこを丹野は、愛佳を背中におんぶしたまま明友館まで戻ってきたのである。普段は片道二十分のところ、一時間もかかっていた。

さらに彼は、湊小学校に避難していた住民のために、再び消防署までヘドロと瓦礫のなかを戻ったのだ。そして、今度は二リットル入りペットボトル六本が入った、重さ十二キロの段ボール箱を持って湊小学校へ向かった。途中、明友館にペットボトル二本を置いたときには午後六時を回っていた。それでも彼は、「湊小学校の人に水を持って行くと約束したから」と言い、二千人の待つ湊小学校へペットボトル四本を持って行った。

丹野が明友館に戻ったのは、夜九時過ぎだった。

真夜中のおにぎり

明友館に戻ってきた丹野だったが、そことて湊小学校と状況はさほど変わりがなかった。避難民は何も食べないまま、二日目の夜を迎えていた。二階の「第一講習室」という広さ五十三平方メートルほどの部屋で、暖を取るものが何もない寒さのなか、凍える住民たちと硬く冷たい床の上で横になっていた。一日中、泥と瓦礫のなかを歩き通し、足は悲鳴を上げていた。

「寒いし、足痛いし、眠たいし、とにかく腹減ったなあって思いながら横になってました。そしたら、夜十時ごろに一階から声がしたんです。『すいません』って。オレ、ドアのすぐ近くにいて、もしかしたら物資かなって。二日目は、ほとんど何も食べずに歩き通しだったんで、物資であってくれと思いながらすぐ廊下に出ました。そしたら懐中電灯を持った糸さん（糸数博）も飛び出してきて、『いま、声しましたよね』っていいながら一緒に階段を下りました。そしたら、玄関に消防署の人がいたんです。その人が『ここに避難している人の正確な人数を教えてください。人数分のおにぎりを出します』って言うんです」

百三十六人。真っ暗ななか、ライトを照らしながら、間違いのないように数えた。

「これでやっと、みんな食える。うれしくて、うれしくて。夜中にみんなで食べました。みんなで『おにぎりってこんなにおいしいんだね』って、食べ終わった指まで舐《な》めて。いまでもあの味は忘れられません」

地震発生から約三十一時間。やっと初めての食料が届いた。外から入ってきた最初の物資は、丹野が運んだ水と握りこぶしほどの大きさの塩にぎりだった。

瓦礫のなかの食料調達

百三十六人で始まった、明友館での避難所生活は三日目の朝を迎えた。

やっと屋外の水も引いて、相変わらず重油と汚水とヘドロの混ざった酷《ひど》い臭《にお》いのする泥はあるものの、なんとか動けるような状態となっていた。

停電のためテレビは映らず、地元のラジオ局もガソリンで発電して放送を続けていたが、

「みなさん、ガソリンがなくなりそうです。持ってきてください」

という呼びかけもむなしく、放送は途絶えていた。情報がまったく入って来ない。いま石巻はどうなっているのか、津波の被害が及んだ範囲も想像できない。食料や飲料水の供給に関する情報も入って来ない。唯一の情報源は、通りを歩いている人たちだけだった。明友館にも、家族を探しに来る人や、離れた場所で被災して、やっと石巻まで帰ってきた人などが訪れていた。道路の冠水状況や、食料についての情報もいくつかあった。

そういう情報を持った人のなかに、遠藤という初老の男性がいた。女川町で被災し、歩いて石巻まで戻ってきたという。遠藤は、明友館の避難民となるのだが、このとき、ある情報を持って明友館にやってきた。

「牧山トンネルの向こうにある『南国フルーツ』が全壊していて、そこから掘り出して食料を持って行っていいって。困ってる人に持って行けと、オーナーさんが言っている」

この情報に明友館の男たちは即反応した。南国フルーツは、女川方面へ向かう牧山トンネル（全長約七百メートル）を越えた鹿妻地区にある、生鮮野菜や乾物などが置いてある小さなスーパーである。車で行けば、十分とかからない距離だが、真っ黒な汚泥が行く手を阻む。しかし、このまま待っていても、またいつ食料が届けられるかはわからない。避難民百三十六人のうち、外に出て活動できそうな男たち八人が、壊れた台車や自転車など、物資を運べそうな物を持ち出して来て、泥のなかを食料調達に出かけた。

停電で真っ暗なトンネルのなかを黙々と歩く。

トンネルを抜けた先は、ひどい有様だった。不動町周辺の方がましと思えるほど、津波によって町が破壊され尽くされていた。

倒壊し津波で流されてきた家屋や船、折り重なる車、そして遺体。それらが、引き波で海に押し戻される途中で留まり、ところどころで瓦礫の山を作っていた。その前には茫然《ぼうぜん》と眺める人、何をどうしていいのかわからない様子で、ウロウロとする人の姿があった。おそらくは、行方不明の家族や、そこにあったはずの家を見に来た人たちなのだろう。

南国フルーツに着くと、倒壊し泥まみれになった瓦礫のなかから、重油まみれのレトル

ト食品や缶詰など、なんとか口にできそうなものを掘り出した。糸数は、
「これでなんとか食いつなげる」
と、昨日までの空腹感を思い出しながら安堵《あんど》した。

リーダーと班長

この日の夜、スーパーに行った男たちを中心に、避難民十五人ほどが集まって初めての会議が開かれた。そこには明友館の職員は糸数しかいなかった。

実は、三日目の朝には、八人いた明友館の職員のうち、糸数と妊娠中の女性、それから南浜町という、津波によって壊滅状態となってしまった地区に住んでいた女性以外は、明友館が指定避難所ではないということで、自宅や自宅のある地区の避難所へ移動していた。

糸数は、自分の母親の安否もわからないなか明友館に残った。そうした成り行きから、三日目の夜に開かれた会議の席では、自然と糸数が進行をするようになっていた。

「会議といっても、二階の真ん中にある、その後、配膳室になる部屋に十人ぐらいが集まって、真っ暗ななか懐中電灯二、三個で照らしながらの話し合いです。僕は石巻市文

化スポーツ振興公社っていう財団法人から、一年の期限で出向して明友館に来ていたので、市の職員ではないんですが、ここの職員ということもあって、代表の班長になりました。班長といっても、名目のようなもので、要するに行政とのやり取りなどをする人です。みなさんは、不動町の方でしたけど、近所同士でも特に交流があるわけじゃないみたいで、名前も知らないというような感じでした。だから、最初は自己紹介から始めました」

自己紹介が終わると、議題の中心は、百三十人が明日から食べていくにはどうしたらいかということに移っていった。このときの話し合いの印象を糸数はこう話す。

「瓦礫を撤去する人と、食料を調達する人の二手に分かれて行動しようということになったんですが、僕がやれとお願いしたわけではありませんでした。みんな自主的で、口開けて待ってるっていう人たちじゃなかったんですよ。これはすごい運が良かったと思います。それに、電気工事のプロ、重機のオペレーター、ダンプの運転手、料理人など、被災したときに役に立つ技術を持った人が見事に揃《そろ》っていたんです。すごいなあと思いました。みなさんからは、いろんな意見が出ました。僕は、出てくる意見をまとめるだけ」

この話し合いでは、それぞれの役割分担をまとめる役目として、四人の人物が選ばれた。

食料調達係長に今野雄夫《よしお》（五十九歳）。今野は、三陸地方では昔懐かしい味として親しまれているかきのエキスが入った「かき飴《あめ》」を製造している喜栄《きえい》の社長だ。明友館では、「社長」の愛称で呼ばれるようになる。毎日の晩酌が楽しみで、「震災当日以外は、毎日飲んでるよ」が半ば口癖ともなっている。

今野は、他にもお祭りなどに露店を出し、地元のB級グルメである石巻焼きそばを焼いている。今野の商売道具が、被災当初、避難民の食を大きく助けることとなる。

災害復旧係長には、丹野正樹。丹野はペットボトルの水を娘の待つ小学校まで、泥のなかを丸一日かけて、二度にわたって届けたタフな男である。

料理長に選ばれたのは、震災当日は自宅二階での避難を余儀なくされた松本敬子。敬子は、石巻の名士の間では有名な「あやめ会」の三代目。

「あやめ会」は、彼女の祖母の代から続いていて、宴席などのお座敷に華を添えるコンパニオンの派遣をしている。敬子は震災前には十二人の女性を束ね、お客様への失礼のない応対や、女性らしさを厳しく指導してきた。和服姿がとても似合う。明友館では、その気風の良さから「ねえさん」と呼ばれることもある。

そして、副班長に選ばれたのが、このとき四十三歳の千葉恵弘《やすひろ》。長髪を後ろで束ね、口ひげを蓄え引き締まった細面の顔、眼光も鋭い。ところが、ひとたび口を開けば周囲の人を笑いの渦に巻き込んでしまう。彼の周りには、いつも居心地の良い空気が漂っている。なんとも不思議な魅力の持ち主なのだ。明友館では「副班長」というより、「リーダー」と呼ばれている。

千葉に副班長を頼んだのは、糸数である。

糸数は不動町の住民ではなかったため、地元のことをよく知っていて、なおかつまとめ役になってくれる人がいて欲しいと思っていた。それにふさわしい人として、千葉を副班長に選んだ。

糸数は、震災初日の夜に初めて千葉と言葉を交わしたときのことをよく覚えている。

「みんな避難してきて部屋のなかにいると、余震がきたりして、『うわっ』とかなるんですよ。でも、リーダーは違いましたね。なんか妙に落ち着いているというか。夜になって、二階の外階段のところにたばこを吸いにいったんですよ。そしたらリーダーが来て、僕がただボーッとたばこを吸ってたら、『あー、星がキレイですね。周りが停電だと、こんなキレイなんだ』なんて言うんですよ。下は真っ黒な海と化してるのに」

震災後しばらくしてから、千葉は震災当初に考えていたことを糸数にこう語っている。

「百三十六人の避難民のうち、どう考えても動ける奴は一割もいない。この百三十六人をどうやって食わせるか。たばこ吸って空見ながら、作戦練ってた」

被災地全体が、絶望を前に力を失っていたときに自らの役割を即座に見極め、生き抜くための作戦を練っていたのだ。

唯一のルール

三日目の夜の会議を受けて、翌朝に避難民全員を集めて朝礼を開いた。

朝礼では、自らを「意見のまとめ役」と話していた糸数が、唯一のルールを発表した。このルールがあったからこそ、明友館が行政の手を借りずとも自立した避難生活を送ることができたのではないかと思う。

その唯一のルールとは、

「ウンコをしたら、水を流す」

というものである。当たり前のことのようだが、このルールが、避難所という非日常の空間で明友館の人々に与えた影響は大きかった。

そこには、糸数が目にしたある光景が関係している。

「震災から二日目に、思いもよらなかったことがあって。水が出ないとトイレが流れないんですよ。だから、みんなウンコの上にウンコして、トイレットペーパー使ってもそのまま便器に捨ててるんですよ。それがどんどん溜《た》まっていて。そのときに思ったんです、『これは人間の生活じゃねえだろ』って。少なくとも日本人ならば、こんな生活をしてこなかったじゃないかって。それで、外にはいっぱい泥水が溜まってたんで、じょうろで汲《く》んできて、トイレを流してみたんです。そしたら、流れたんですよ。水道が止まっても水って流れるんだなって。ウンコ流せるんだ、そうだ、これでいいんだと思いました。これで一歩、人間の生活に近づいたと思えたわけです」

糸数は、こうした思いを抱き、朝礼では次のように話した。

「人間らしく生きる。人間らしい生活を取り戻すことを、みんなで目標にしてやっていきませんか」

その日から明友館の住民たちの雰囲気はガラリと変わり、みな自主的に掃除や食事の手伝いなど、自分のできることを始めるようになった。

震災により、あらゆる価値観が壊れてしまったなかでの糸数の言葉は、「人間らしく」というシンプルさゆえに、すんなりと受け入れられたのだ。

ルールがひとつだけという避難所も珍しい。特に行政が避難所に入って運営する場合は、あれもダメ、これもダメとたくさんの規制を避難民に強いることが多い。

避難所で何か問題や事故が起こった際に、運営責任を自分たち行政が問われないように、先手を打ってまんべんなく規制をしくためだ。

明友館では、酒もたばこももちろん自由である。避難民の自主性を考えれば、これは当然ともいえる。それぞれが自分の頭で考えれば、例えば、寝る場所ではたばこを吸わないとか、人に迷惑をかけるほど酒を飲まないなんてことは暗黙の了解となるのだ。

事実、明友館では揉《も》め事らしい揉め事は、一切起きていない。

その理由には、もうひとつ、千葉の雰囲気作りがある。

「ルールとかさ、どうしても硬い話があるでしょ。あと、面倒くさい役所との対応とかさ。

そういうのは、班長に任せるからって。オレは、後からひょこひょこって来て、おいしいとこ取りでいくから、班長は人生経験だと思ってやってくれって話を三日目にしてさ。硬いキャラの班長と、やわらかいキャラのオレっていうのがはっきり分かれてる。会議の翌朝にルールをみなさんに話したときも、班長が話終わった後で、オレが出てって『そういうことなんで、みなさん、よろしくねー』ってな感じ」

すごく軽い。でも、この軽さこそが、明友館が他の避難所とはまったく違う場所となり得た理由なのだ。

ここは被災地である。どの避難民も「この先、どうなるのか」という心配を抱えている。それが不満につながり、思わぬ揉め事を引き起こすことになる。

千葉も、みんなが心配事を抱え、震災で心を痛めていることはよくわかっている。とりもなおさず、自分も被災者である。自宅は全壊し、そして、妹を津波で亡くしている。

よくわかっているからこそ、彼は彼にしかできない受け流し方で避難民に「笑い」という心のゆとりを与えていた。

「未来のことなんて、約束も予測もできないでしょ。そんななかでお年寄りは特にだけど、心配事で頭がいっぱいになる。あと小さいお子さんがいるお母さん方もやっぱり心配じゃないですか。いまこのタイミングでそんなこと聞かれても、答えは出ねえよってことなんだけど、オレはそれをやわらかく、ソフトに返して、最後は笑ってもらう。だから、オレみたいなこういう適当な性格で、適当な物言いが役に立つんですよ。『大丈夫だって、何の心配もいらないって、何か困ったことあったら何でも言ってよ〜』なんて、おばちゃんみたいに答えちゃってさ」

しかし、千葉の言う「適当」とは、いいかげんであることとは違う。

「オレのこの感じは、最初からだね。いままで一貫して変わってない。いっつも適当。だから、一週間もしないうちに、明友館は朝からどっかんどっかんの大笑いですよ。でもさ、オレは、やれることは百パーセントやってあげられっから」

やれることはやる、という千葉の言葉は、彼の携帯電話が電波の復旧により外部とつながるとすぐに証明されることになる。しかも、それはものすごいスケールでやってくる。

第二章　「役割」を果たす避難民

避難民からの物資提供

水が引いてやっと外に出られるようになった三日目、男八人でトンネル向こうのスーパー『南国フルーツ』に食料を調達しに行った。そのなかのひとりで食料調達係長となった、かき飴の今野雄夫もまた、震災直後の絶対的に食料が不足していたときに明友館の食をつないだ人物である。

不動町の川沿いに建つ今野の工場は、壊滅的な打撃を受けた。かき飴を作る大型機械も、屋台で出す焼きそばの業務用調理器具もストックしていた食材も泥と水にやられていた。だが、なかには、泥を取り除けば使えそうな物や、冷蔵庫内に残っていたことで流されずに済んだ食材が残っていた。

「二日目に糸数と会った。そのときに『何人いるのや?』って聞いたら、百三十人ぐらいはいるって聞いたんです」

今野と糸数は震災前からの知り合いだった。糸数は、九年前にも約一年間、明友館に勤務した経験がある。その当時、明友館の職員のなかに今野の知り合いがいた関係で、糸数も今野を紹介されて以来の知り合いである。

二日目に糸数がトイレを流すために、外で泥水を汲んでいるときに社長と会い、情報交換をしたのだ。大勢の人が避難していると聞いた社長は、その場でこう切り出した。

「うちの工場に食い物が残ってっから、明日来て、全部持ってけって」

社長は、食べ物だけでなく使えそうな調理器具も差し出した。

「プロパンガスとコンロが、泥をかぶってんだけど生き残ってたんだ。それも持って行った。調理器具があれば、なんとかなるでしょ」

コンロがなければ、明友館の食事情はかなり制限されていたはずである。

今野も加わり、四日目からは、男たちによる本格的な食料調達が始まる。

前日に、彼らがスーパー『南国フルーツ』に行っている間、明友館の避難民は自宅の被害状況を確かめに、それぞれの自宅へと戻っていた。そして、彼らも浸水した自宅から、まだ食べられそうな食料を取りだして明友館に持って帰って来ていた。

食料調達部隊も、明友館に避難している住民の自宅から食料を掘り起こすこととなった。もちろん、勝手に持ち出すようなことはしない。ここは糸数の出番である。

「みんなが避難してる二階の部屋を、『ちょっと悪いんですけど、家に食料があるっていう方いますか?』って聞きながら回りました。そうすると、『はーい、ありますよ』という感じで教えてくれるんです」

瓦礫と泥が流れ込んで、二階にも上がれないような家では、男たちが瓦礫の撤去をし、掃除をしながら、二階に上がれるようにした。

そのうえで、家の住人から、買い置きしておいた食料の場所などを聞いて、避難民のためにと分けてもらった。みんな、男たちの奮闘を知ってか、快く差し出してくれた。

こうして集められたのは、カップ麺や缶詰、乾物、お米など保存の利くもの以外に冷凍食品などもあった。この他にも、トイレットペーパーや衣料、寝具などの生活用品なども集まった。

食料は、避難民が丸二日以上は十分食べられるほどの量があったが、それをすぐに食べることはしなかった。千葉が、その理由をこう話す。

「この状況がいつまで続くかわからないし、外から入ってくる食料支援も百三十六人に見合う物ではなかった。一日にパンがひとり一個とか、おにぎり一個とか、届かない日もあったから、目の前の食料を食べちゃおうっていうムードにはならないよね。特に明友館は指定避難所じゃないしさ」

各家庭から集められたもののなかには、水を被ったけれども幸いにもまだ使用可能なガス釜が二台あった。

プロパンガスも避難民から提供してもらい、今野が仕事で使っていたガスコンロと、二台のガス釜が震災から三日目にして使えるようになった。三月の東北の身を切るような寒さのなか、温かい食事が食べられることほど、身も心も安らぐことはなかった。

食料や物資の調達は、男たちの役目である。近所の家から持ってくるといっても、その作業は想像以上に困難であった。

「日中の作業で、ひざから下は泥だらけになるんですよ。泥に覆われてるから地面も見えないし、津波と液状化で、地面もボコボコだったから、ドブに落っこちて擦りむいたりもする。普通だったら、破傷風になるんじゃねえかって考えるじゃないですか。そんなことすら考えない。だって、どうしようもないもんね。流水で流せるわけじゃないし」

風呂はない。着替えもない。夜は夜で、毛布や布団はお年寄りと子供が優先である。

「ジャンパー重ね着して、寝んだけど、ぐちゃぐちゃになった足もさ、そのままひと晩過ごしてる内に乾いてるんだよね」

千葉は、こうした話を楽しそうにする。

その後も、約半月ほどは男たちによる瓦礫のなかからの食料調達は続いた。

男たちには、それでも心に充実感があった。電気がないため、日の出とともに起きだして、日が暮れる前に食事をする。日が暮れて真っ暗になると、男たちの時間が始まるのだ。

それが、「作戦会議」である。作戦会議が、男たちの英気を養っていた。

男たちの作戦会議

四日目以降、夕食を終えると、毎日のように男たちはひとつの部屋に集まるようになった。作戦会議だ。

石巻でタクシー運転手をやっている佐々木洋(四十四歳)も、作戦会議のメンバーである。佐々木は、千葉のひとつ年上で、仙台市内の一流ホテルに二十年間勤め、数年前に地元の石巻に戻り運転手となった。実は、千葉とは高校一年のころに、いくつかのバンドが練習をしていたとき一緒に練習したことがあったという。当時、佐々木はドラムを叩き、千葉はギターを弾いていた。それ以来、特に何の関わりもなかったふたりが、二十年以上の時を経て、再び同じ時間を共有していた。

「夜に集まるのも、最初のうちは、次の日の計画を立てようというまじめな主旨があったんですよ。でも、いつの間にかおやじたちの飲み会になっちゃってね」

といっても、彼らがやるべきことは、食べ物と飲み物、衣料の調達、それから明友館の周りの復旧作業だったため、意思の疎通さえ取れていれば、それで良かったのだ。

「まじめにみんなでディスカッションする雰囲気は、う〜ん、一週間も持たなかったんじゃないかな。でも、昼間は場当たり的に色んなことをやっちゃうんで、話し合いは特に必要ないんですね。というより、前もって計画を立てて事を進めるってことが、通用しない状況でもありましたからね。昼間には、結構まっちゃん（丹野正樹）が、ムードメーカーになっていて、『じゃあ、やっちゃうっすか！』とか言いながら、率先して瓦礫を片付けはじめたりね。そういう意味では、昼間はみんなすごく一生懸命でしたよ」

最初は、二階に四部屋あるうちのひと部屋で作戦会議という名の飲み会をしていたが、おばさんたちから「あんたたち、うるさい！」と叱られた。そのため三月十五日に、一階の「図書談話室」の札が掲げられた部屋の泥かきをして、そこを男たちの溜まり場とした。そして、この談話室こそが、これから始まる明友館の前線基地となる。

談話室での飲み会で、男たちは互いの絆《きずな》を深めていった。丹野が深く頷く。

「真っ暗ななかで、懐中電灯の明かりのなか、色んな事を話しました。明日は何しようかって話はもちろんですが、あとはお互いのことをとにかくたくさん話しました。夜はすごく寒いんで、薪ストーブを焚《た》きながら、あと、ウイスキーがあったんでお湯で割って飲んだりしながら、千葉さんとか、糸さん（糸数博）とも、よく喋《しゃべ》りました。そのときに、千葉さんって『すごい人なんだな』って思いましたね。すごく苦労している人だから、相手の痛みがわかるんですよね。ちょっと疲れたとか、ツライなと思っても、相手はもっと疲れてると思えば言わないし。自分が疲れたと言ってしまうと、他の人たちをもっと疲れさせてしまうのをわかってるんです」

とにかく前に進もうとするなかで、男たちはお互いを理解し、同じ時間を共有していた。うす明かりのなかで、男たちは昼間の復興作業を終えて、気持ちよく酒を酌み交わし、千葉や佐々木はギターを弾き、そのかたわらでは中学生とおじいさんが将棋を指している。

その雰囲気は、いまの日本では探そうとしても見つからない、作ろうとしても作れない、共同体、いや大きな家族のように感じられた。

食をつなぐ女たち

近所の家から集められた食材は、さらなる緊急時や、行政からの不安定な物資供給に備えて、すぐに消費することはなかった。真っ先に調理されたのは、冷凍食品など日持ちがしないものだった。

男たちが外で泥と瓦礫と格闘している間、料理長の松本敬子を筆頭に、明友館二階の女性陣もまた闘っていた。

「とにかく必死でしたよ。メニューをみんなで考えるんだけど、先に腐っていく物から順番に食べてかなきゃいけない。ここでは、どんな食材も捨てませんでしたよ。とにかくひとつも捨てなかった」

どんなメニューだったのだろうか。

「それがね、メニューを書き留めてなかったんですよ。私、読んだり書いたりするのが好きなんですけど、書き忘れてて。でも正直、その余裕すらなかったんですよ」

何を作っていたのかは、みんなの胃袋がしっかりと覚えていた。今野が言う。

「三日目にスープ作って、もう温かいのを食えたんだよ。あと、最初の十日間で、カレーライス三回食べたな。具がいろいろで美味《うま》かったよ」

糸数もよく覚えていた。

「社長の冷凍庫から持ってきた肉があって、五日目に『これ食わないと腐っちまう』ってことで、食べることになりました。ご飯もあったから、焼き肉定食ですよ。なかに米沢牛とか高級な肉も混ざっていて。すごいおいしかったです。浸水した避難所で避難民自ら、煮炊きできるようになったのは、かなり早かったと思います。学校とかだと、調理室はあるんですけどだいたい一階にあるから、水にやられて全部使い物にならなかったですから」

調理器具があったとはいえ、いきなり百三十人分を作るのはそうそうできることではない。ましてや、食材を選ぶことはできず、あるモノで、しかも、腐りそうなものから先に使ってメニューを組み立てるしかない。

敬子の話からは、当時の慌ただしさが伝わってくる。

「とにかく、ある材料で作るしかない。それから、百三十人分作らないといけないから、焼いたり、揚げたりするのは時間がかかり過ぎるから、とにかく煮ることが多かった。準備は朝ご飯が終わったら、何人か手伝ってくれる人を集めて、ねぎを切ってだの、ご飯炊いてとか、全部指示を出してました。救援物資でおにぎりが届いて、ちょっと硬くなってしまったのとかは雑炊にしようとか。あと、物資で卵が大量に入って来たときがあって、卵スープとか卵料理とか、あとは大量のゆで卵を作って、ひとり二～三個食べてもらったりね。それに電気がないので、午後三時半には配膳しないと、全員に渡り終わらないし、暗くなる前に洗わないといけなかったから、やることは本当にたくさんありましたよ」

二階にいた主婦たちにてきぱきと指示を出して、切り盛りしていたのだ。

「食材の調理方法は、年配の方も多くいらしたので知恵を借りたり。あとは、お母さん方には、どう調理すればいいか意見を出してもらって、あたしが強制的にこれって言う風にはしなかったんです。こうした方がいいっていう意見で作る料理が決まったらおばさんたちに、『これやってもらっていい？』って、お願いするんです。ちゃんと、相手の顔を立てるんです。そうじゃないと、やっぱりうまく回らないですよね」

女性同士というのは、なかなかひとつにまとめるのが難しい。敬子が、そうできたのは彼女の仕事が大きく影響しているという。

「『あやめ会』っていう、御座敷の会を母から引き継いで新たに発足してから三年が過ぎました。震災前までは、私が頭を張って、十二人の女の子を使っていました。私は二十三歳のときから『あやめ会』でお世話になったんですけど、九キロも痩せましたよ。入った当時は私の母が頭を張っていたんですが、全部私より年上のお姉さんばかりで。お姉さん方からは叱咤《しった》激励をいただいてね。まるで大奥状態だったんですよ。ははは」

そういう世界で育ってきた敬子は、年上にお願いすることにも、抵抗を感じることはなかった。

「食事の準備をお母さんたちにも手伝ってもらってやってましたけど、私と、ずっと手伝ってくれた千田みよ子さんと、その娘のあさみちゃんなんかは、ずっと食堂にいましたよ。自分たちの食事は、ほとんど立ったままで食べてましたからね」

ゴールデンウィークの前になると、市からお弁当が届くようになる。それまでは、敬子率いる二階の主婦たちは食事を作り続けていた。

ひとつになる〝地域〟

明友館は、震災から一週間も経たないうちに、震災前の日常を取り戻そうと、避難民全体が猛スピードで動き始めた。そうなれたのは、もともと不動町に特別な地域のコミュニティーがあったからと考えてしまいがちだが、実際はそうではない。

震災前には、せいぜい両隣と向かいの家の住人と挨拶を交わす程度の付き合いしかなく、町内をあげてのお祭りなどのイベントもなかった。そこには、都会人が都合よく考える地方ならではの近所同士がみな家族ぐるみの付き合いをしているというものはない。むしろ、石巻地区の東で川と山に挟まれた地区にある小さな住宅街で、お年寄りは家にこもり、仕事のある者は職場と家を行き来するばかりの生活があっただけである。

ところが、震災からかなり早い段階で、避難民が一丸となって行動をするようになった。給水車が来たときなどは、それがよく発揮されたと松本一彦は言う。

「給水車が来て、『はい、給水～！』って下から声を出すと、子供も年寄りも、動ける者はみんな部屋から出てきて、百人ぐらいがパーッと入口から二階の食堂まで並ぶんですよ。一度やったら、二度目にはごくごく自然にそれができてました。バケツリレーの脇には、床にこぼれた水を拭く班ができててね。誰に言われるわけでもなく、みんな自分のできることをしてましたよ」

みんなでやる、という感覚が自然と生まれた理由として考えられることがある。明友館には、よその避難所では当然のように使われている家族ごとに仕切りを作る段ボールの仕切りがないのだ。

プライバシーが保たれないということで、多くの避難所では段ボールの仕切りが採用されている。しかし、明友館では使おうという話にはならなかった。

千葉がその理由をこう説明する。

「あれはみなさんをつなぐ妨げになるんですよ。そこに若干でもプライベートな空間があると、人間はどうしてもそこを自分のテリトリーにしてしまう。それこそ隣の人の毛布の毛玉が一個飛んでくるだけでも嫌になるわけですよ。夜中にペンで書き物してる方がいれば、その小さな音でさえも安眠妨害だって、頭にくるようになる」

段ボールの仕切りがない良さを、ギター弾きのタクシー運転手、佐々木も指摘する。

「ある避難所でも、段ボールの壁を拒否してました。そこのリーダーは消防士出身で、段ボールがあると、具合悪くなった人がひと目で見えないからという理由で使ってませんでした。うちの避難所でも、夜中に誰かせきでもしてると、『昨日、ずいぶんせきしてたけど、大丈夫だったかや?』って自然と声をかけてますからね」

揉め事の種が明友館にないわけではないのだが、それは千葉がうまく解消しているのだった。例えば、いびきの問題。

「よその避難所では、喧嘩沙汰《けんかざた》になるようなこともここでは冗談に変わる。よそでは例えば、『じじい、いびきがうるさくて寝れねえんだよ』なんて、若者がじいさんをとっちめて新聞沙汰になったことがあったんですよ。ここにも、二階のそれぞれの部屋にいびきの横綱がいるわけですよ。でも、『いや、昨日はうちの部屋の横綱は横綱相撲でしたよ〜、わっはっは』ですよ。それで笑ってお終い。どうしてもいびきが気になってなかなか寝付けないって人には、耳栓を渡したりしてね。でもそれで、仕切りを付けてくれという話にはならないんですよ」

佐々木が長崎からきた市の職員を明友館に案内したときも、このことが話題になった。

「石巻市にヘルプで来てた職員さんで、避難所を見せて欲しいってことで私のタクシーで回ってたんです。それで渡波まで行きたいって言われたんですけど、言われていた時間では行けそうもなくて、『うちの避難所行きますか？』ってことで、明友館に連れてきたんです。そしたら、驚いてましたね。『えっ、ここは段ボールの仕切りないんですか？　でも、すごくいい雰囲気ですね』なんて言われて。ちょっと自慢気に言っちゃいましたもん、『段ボールはないですね、ここはみんな家族なんで』って」

タクシーの勤務で夜遅くに帰って来たときに、誰かのラジオの音が小さく聞こえていても、むしろ、それが家にあるいつもの音のように聞こえたと佐々木は言う。

ゲームをやめる子供たち

避難所生活で大人たちが団結していくことで、それを間近で見ていた子供たちにも変化が表れた。

明友館には小学生、中学生、高校生と幅広い学年の子供たちがいる。糸数がその成長ぶりに驚いていた。

「子供たちが変わったというのは、すごくあります。それこそ最初のころとは、まったく違うというか。まず雰囲気が違う。多分、高校生なんかは、もうなんとなくその人なりの部分があるんでしょうけど、それでも目つきが変わったなと思います。具体的に言うのは難しいんですけど、僕らと接するときの構えが違うというか」

二階の生活スペースを仕切っていた敬子も、子供たちと接するなかで彼らが変わっていくのを見ていた。

「何ヵ月も一緒に生活してるから、よその子もみんな自分ちの子供になってるし、私はみんなのこと呼び捨てだしね。子供にしてみれば、私は口うるさかったと思いますよ。ダメなものはダメって、誰かれ関係なく言ってましたから。でもね、子供たちも変わったんですよ。最初は、名前も知らないから挨拶もしないし、私も呼び捨てにはしてなかった。それが、食堂に来るようになったりして、こっちも忙しいから、『ほら、健太手伝って』とか言うようになるんです。健太君は、佐々木さんちの次男で小学五年生の子なんですけどね。健太なんて、いつの間にか食事の時間に鈴を鳴らしてみんなに知らせる係をやってたしね。高校生も変わった。お弁当の容器を捨てる場所が違ってれば怒られて、朝起きなければ怒られて。でも、彼らも『明日は絶対起きます、敬子さん』なんて冗談っぽくいいながら、ちゃんと起きてきたりね」

いまの世の中、大人が真顔になって一生懸命働く姿を子供たちに見せる機会は減ってしまった。子供にしてみれば、大人なんてちょろいもんだと思うこともあるかもしれない。それこそ、親以外の大人にこっぴどく叱られる経験もなく育てばなおさらだろう。

敬子に限らず、明友館にはかっこいい大人たちが大勢いた。

最初、子供たちはとまどったはずだ。大人たちの世界ってすごいんだと。

しばらくするうちに、子供たちは自分たちにもできることがあると知るようになる。そして、大きな共同体の一員となったことを実感し胸を張るのだ。

佐々木家には、三人の子供がいる。一家は震災から約五ヵ月後に、津波で浸水した一階部分の補修を終え、明友館から自宅へと戻っている。自宅へ帰ってみると、改めて、震災以前とは子供たちの態度が違うことに気がついた。

「一番下の息子（健太君）が、変わったと思うのは、家の手伝いなんてやらせてもやらなかったのに、いまは自分から手伝うんですよ。それから、あれだけ止めろって言っても一日中やってたゲームをやらなくなりました。震災前だと、オヤジが子供に何かを見せるっていっても、せいぜい年に数回のバーベキューとかで火をおこすとか、それぐらい。いくら真剣にやっても、それは娯楽じゃないですか。でも、仕事なんて本当は楽しいこともあるけど、面白くないことばっかりじゃないですか。明友館で、スコップで延々と泥かきをしたり、瓦礫を片付けたりっていうのを子供たちは見てますからね、仕事ということをちょっとは感じとってもらえたかなとも思いますね。でも、明友館だと大人たちがみんな楽しそうに色々とやってますからね。ちょっとは面白くないような顔してやった方が良かったかな。ははは」

子供ではないが、敬子が一番変わったと話す女の子がいる。二十一歳のあきだ。

「あきちゃんは、ここに避難してきたときは笑いもしなければ、喋りもしなかった。本当にひと言も。聞いたら、もともとそういう子だったみたいで。それが、一階の談話室に勝手に行くようになって。下はほとんど男の人だけでしょ。彼女のお母さんが、おかしいって言いだして。確かに普通じゃないよね。若い女の子が男性のなかにひとりでいるんだもん。それじゃあリーダーとか班長に相談してみたらって言ったの。でも、リーダーとか、そういうのも別にいいんじゃないのって。でもね、あの子変わったんだよね。人と接するときの姿勢が。それこそ、挨拶すらできなかったのに、いまは挨拶どころか、ちゃんと人と話してるんだもん」

あきは、明友館から自宅に戻った後も、ひょっこり遊びに来るようになった。

佐々木家の長男で高校二年生の涼太も、明友館で何かを学んだようだった。

「大人たちともすごく喋った。まっちゃんとかとは特にね。それに、人生で絶対に会わないような人ともたくさん会えたし。こんな楽しいところはない。すごく良い経験をたくさんさせてもらいました」

第三章　リーダー・千葉恵弘

千葉の携帯が「外」とつながる

その日は、朝から明友館全体がなにやら騒がしかった。

震災から七日目の三月十七日、それまで不通となっていたドコモの携帯電話が通じるようになったのだ。ソフトバンクとａｕは、震災直後から時間帯によってはつながったのだが、石巻ではドコモの復旧が遅れていた。

震災以来、家族との連絡も取れずにいた人も多く、そこかしこで電話をする人の姿があった。そんななか、ひとりだけ他の避難民とは違う様子で、電話やメールをしていたのが千葉だ。その様子は、鬼気迫るようだった。糸数が振り返る。

「あのころは、電気なんてもちろん復旧してませんから、電池式の充電器を使って電話をかけてました。それこそ、一日中かけまくってました。リーダーは数少ない乾電池をどんどん使ってましたからね。乾電池は、懐中電灯に使って夜の明かりにしたり、ラジオで情報を得るための電源でもあるのでとても貴重でした。それを惜しげもなく使う。それだけの勝算がリーダーにはあったんですよね」

電話がつながって二日後の夜中、正確には二十日の午前二時。明友館にガソリンの入ったドラム缶が二本、救援物資として届けられた。被災地では、ガソリンが極端に不足しており、被災者は津波で流された車のタンクから、生きるためにガソリンを抜いていた時期である。そこに、四百リットルものガソリンが届いたのである。

電気のない真っ暗闇の石巻へ、天の恵みとでも言うべき物資を運んできたのは、身長百九十センチはあろうかという大男だった。新潟から山越えをしてやってきたというその男の名前は、中島志門（三十八歳）。新潟県で『CORE CREW』というハーレーダビッドソンのカスタムショップを開いている。

突然の来訪に、明友館の避難民は一様に驚いた。ただひとり、千葉だけは違っていた。

「携帯がつながらない間、オレの安否をみんな気遣ってんだろうなとは思ってたんですよ。実際、十七日に携帯が復旧して着信記録とかメールを見たら、東京にいる成田君っていう、昔からの仲間がずいぶん電話をかけてくれてた。メールには、支援の準備は整ってるから生きているなら連絡を貰いたいってことが書かれててさ。すぐに電話して、とにかく明かりがないから乾電池と、燃料を何とかしてくれないかって話をしたんだよね」

千葉の古くからの仲間である成田智浩（四十四歳）は、ハードコアバンド『HASH BALL』のリーダーで、東京の板橋で『PHANTOM GATE』というハーレーのカスタムショップをやっている人物である。

千葉と成田が連絡を取ってすぐに、新潟から中島が出発したわけだ。千葉が続ける。

「東京から明友館へは直接物資を搬送することができないから、新潟と仙台にあるライブハウスだったり、バイク屋さんに物資を全部集めて、それを石巻までピストンで送るってことになった。そうしたら、とんでもないような奴らが来るんですよ。それこそ班長なんて見たこともないような連中が」

糸数が、そのときの印象を語る。

「すごいいかつい人たちが来て、プロレスラーみたいにごつい人とか、髪が真っ赤の人とか。そういう人たちが、物資を届けてくれるんですよ。なんだか、えらいところに避難してしまったなーって思いましたもん。でも、ここに届けてくれるってことは善意ですからね。我々の生活は助かるんだし、『あなたの髪の毛、こめかみのとこだけ真っ赤だから貰えませんよ』なんて馬鹿な話はないですから」

中島は、三月二十日の夜中に物資を運んでから、間を空けず新潟と石巻を往復し、二十一日の夜に二度目の石巻入りをしている。今度は、食料を始め、乾電池やライト、ラジオにトイレットペーパーといった避難生活でなくてはならない物資をばかデカいアメ車とトラックに満載してやってきた。それまで、行政からの救援物資などほとんどなかった明友館に、一階のひと部屋を物資庫としなければならないほどの物資が運び込まれた。その量は、すでに明友館の避難民が生活していくには十分な量を越えていた。

中島の登場より以降、明友館はこれまでの避難所というのとは別の顔を持つようになる。明友館を拠点に、避難民自らが行政の手が行き届かない小さな避難所や、身動きが取れず行政からの救援物資が一切届かずに不自由な生活をしている在宅避難民、幼稚園などの子供施設に向けて、全国から千葉宛に送られてくる救援物資を届けるようになる。つまり、「支援する避難所」となっていくのである。

「千葉貞」に生まれて

誰もが経験したことのない災害に見舞われ、明日をも知れない非日常のなかに放り込まれたときに、ひとり冷静に状況を見極め、自らの役割を自ら運命付けていった千葉。

彼の安否を気遣う電話やメールは、全国から寄せられ、一週間後にその無事が明らかになるや大量の救援物資が彼に向けて届くようになる。千葉恵弘とは、いったいどんな人物なのであろうか。また、彼に向けて大量の物資を送る人たちは、彼の何に期待しているのだろうか。それをひもとくには、彼の生い立ちにまでさかのぼる必要がある。

一九六七年、千葉家の長男として生まれた千葉恵弘。彼が生まれたのは「千葉貞」と呼ばれ、石巻では名の通った家であった。千葉の父親の代までは、千葉貞松の名を当主が受け継ぎ、祖父の代までは廻船問屋を営み、父親は土建業を生業とした。

千葉は、先祖代々の血筋を「おせっかい」な血筋と表現する。

「おれが支援活動をしていても、うちの親とか代々の家風をわかっている人たちは不思議に思わない。どれくらいおせっかいかというと、戦後の混乱期で石巻にもどこの誰だかわからないような人たちがいっぱいいて、勝手に家を建てたり、バラック小屋を建てたりしてた時期があった。石巻はもともと水産加工業が盛んで、代々商売をやっている社長の家の周りを労働者の家が囲んでたんだけど、そこにどこの誰だかわからない人たちが流れ込んでくるんだよね。そうするとうちの先祖は、彼らのためにもうちょっとしっかりした長屋を建てたり、食べ物を供給して面倒を見たり。あとは、石巻が発展するのに町の真ん中に道路を通すっていう計画が持ち上がって、でも戦後で町にもお金がないわけですよ。そしたら、またうちの先祖が私財で道路工事にかかるお金を請け負ったりね。死んだオレの親父もガキのころから、学校にお弁当を持ってこられない家の子がクラスに何人もいて、そういう子のために裕福な家庭のところを回って、おかずやらを集めてきてお弁当を持たせたり、そんなことをやってたみたいでね。親父の同級生なんかも、明友館にちょくちょく来るんだけど、『ガキのころはお前の親父に助けられ、いまはお前に助けられ』みたいなことを言うからね」

名家に生まれた千葉は、その特殊な環境のなかで育っていく。

「小学校に入るか入らないころから、町を歩いてるとうち御用達のタクシー会社がオレを見つけて、『あっ、千葉貞の倅《せがれ》だ、お〜乗れ乗れ』って、家まで届けてくれるし、町で遊んでいてお腹が空けば、よく行くレストランで好きな物を食べて、お金を払わないで帰ってくる、ツケでね。小さいころはそれが普通だし、便利だった」

こうした御曹司としての恩恵に浴して、そのまま成長していくケースもあるのだろうが、千葉はそうではなかった。

「物ごころつく前までは、それで良かった。それが突っ張って、思春期になって色気づいちゃったりすると、いつもツケてたのが格好悪くなる。ガールフレンドなんか連れてくと、『えっ、やっちゃん、お父さんのツケなの？　あたし、親のお金で御馳走《ごちそう》されてたんだ』とかなって格好悪いじゃないですか」

中学生ともなると、もう立派なワルになっていた。

「子供が立ち寄る駄菓子屋とかが近所にも、いくつかあって、店の周りにはそれぞれ縄張りがある。そこは通学路なわけですよ。そういった縄張りが、小学校から中学、中学から高校となれば、学校までの道のりが遠くなる。つまり、どこかの縄張りがいくつもある。自分がスムーズに学校に行って帰る、スムーズに遊びに行って帰るためには、人の縄張りを制圧しながら行くわけですよ。自由気ままに歩くのに、邪魔な奴はぶっとばすんですよ」

そうやって、自分の名前が有名になればなるほど、名家に生まれたがゆえの葛藤が出てくるのである。

「千葉貞」の名が邪魔をする

自分の実力で悪い奴とケンカして勝っても、千葉貞の息子だからということで、実力として認められないのである。

「うちの親父はヤクザにもすごく顔が利いたので、オレは青春時代にも千葉貞の倅ということを隠してましたね。それは同級生に対するアピールでもあるんですよ。同級生からすれば、オレがどこでいくら勝ち名乗りを上げても、『千葉貞の息子だから、相手は手出しできなかったんじゃねえか』ってことになりますからね。とにかく自分の実力でやってやったというのをアピールしなくちゃいけない。だから、余計ないざこざを増やすわけですよ。親の名前で世渡りしてんじゃねーから、みたいなね。そういう突っ張りですよ」

高校生になると、ヤクザとも積極的にもめるようになる。それも、千葉貞の名前があったがゆえの本来はやらなくてもいいケンカだった。

「何かこっちが悪いことしたんじゃなくて、例えば後輩がやられて、相手がヤクザらしいってことになると、そこでうまいこと話をつけてしまうと、また『あいつの親父がヤクザに顔利くから、うまいこと収めたんじゃねえか』ってことになる。だから、大げさにやらなきゃいけなかったんですよ。そのなかで、いらないケンカまでしてました」

ヤクザが相手でも、一歩も引かないどころか積極的にケンカを売るようになっていた。

「ヤクザの事務所にも、ニコニコで行くわけですよ。それで大暴れですよ。大暴れして、ボコボコにされて。それで地元じゃビッグニュース。『千葉ちゃんがやったらしいぞ』って。それでまたやりに行くぞって。何回もやりに行くんですよ。あとは、そのヤクザを見かけるたびに『いたいた、あのヤロー』とかいって襲いかかったりね。そうすると、ヤクザの方から、『もう来るな』ってなるんですよ。向こうは金のないガキとケンカしても、一銭にもなりませんから。そんなノリですよ」

そのころには、千葉貞の息子ではなく、「不動町の千葉ちゃん」と呼ばれるようになる。

「十八歳にもなると、どこに行っても余裕ですよ。うちのグループ強烈だったからね。もう軍団ですよ。主要メンバーはだいたい決まっていて、うちの地元だけじゃなくて、オレを中心に各地区の厄介者が集結してる感じ。オレを除く、みんながケンカ番長ですから。

いまは、みんなまじめですけどね」

十九歳になるころには、そういう大暴れもだんだんと落ち着いてくる。

「もうやることがなくなるんですよ。それまでは、バカをとっちめることに夢中になってるんですけど、興味がなくなってくるんですよ。自分でもアホらしくなってきて。そうすると、この街もすごく退屈なんですよ。そうすると他の街にはもっと面白いことがあるんじゃないのか、もっとデカイ揉め事があるんじゃないのかって思うようになる。でも、大してないんだよね。仙台に行っても、オレの武勇伝が聞こえちゃってるから。街に逃げて出た奴の口コミで、うちらのグループの武勇伝が広まるわけです。『石巻には千葉っていうのがいるらしい』『とんでもない厄介者らしいぞ』ってのが、仙台の街を牛耳ってる連中の耳に入って行くんですよ。それで、お互いに会ったことないけども、『東仙台にこういう奴がいるらしい』って聞こえてくるわけです。もしかしたら、そのうちそいつとも、なんかあるんじゃねーのかな、なんてぼんやり思ったりね」

東仙台の名の通った人物というのが、明友館への物資支援をバックアップしている成田だった。千葉が、十八歳のころに抱いていた「なんかあるんじゃないか」という思いは、彼が二十二歳になったときに現実のものとなる。

「石巻の千葉ちゃん」から堅気の世界へ

石巻では完全に敵なしの状態となった千葉は、その後、専門学校に通う。

「高校でダブって十九歳で卒業してすぐに専門学校行ったんだけど、東北じゅうの馬鹿が集まっててさ。ここでもまた馬鹿のリーダーになっちゃってね。『面倒くせえな』ってことで学校を辞めて、すぐに就職して仙台に行くんですよ。山川建設という仙台の建設会社に就職してたので、ずっと仙台にいて色んな現場を渡らせてもらってね。それこそ、大きい山を削って造成する現場から、仙台の街の下水道を整備する現場から、色んなところを回らせてもらって。しかも、行った先でずいぶん、かわいがってもらってね。オレは相変わらず、ずっとこんな三枚目キャラだったんで、『ほら、山川建設のちょんまげの千葉ちゃんが来たぞ』とか言われちゃって。そんときから長髪を後ろで束ねてたからね」

就職して五〜六年で、現場を任されるまでになった。二十代の若い現場監督が、親のような年の職人を百人も二百人も動かすのである。建設現場では、段取りが悪く工期に遅れが出ると、それが揉め事の原因となる。そんなときにも、千葉は持ち前のキャラクターでうまく立ち回り、揉め事を解消してしまうのだった。

「荒くれ者に好かれるんだよね。それで、現場がスムーズだと会社が儲かる。そうすると出世するわけですよ。ガキのくせにね。それで、大きいゼネコンの支店長とか、そういう大物からも『一緒に飲みに行こうぜ、千葉ちゃん』なんてことになる」

昔から千葉には、自分が手にしたモノに対するこだわりがなく、物や地位、名誉を捨てることに躊躇《ちゆうちよ》しない。むしろ、人が千葉にカリスマ性を求めて集まってくるとたんに面倒くさくなるのだという。それよりも、自由に生きて、気の合う仲間と笑って過ごすことの方を選んできた。

「ネクタイして、見たことも聞いたこともない東京本社の偉いのが来て、ゴルフコンペとかやってさ。下請けのお兄ちゃんが行くようなところでもないのに、自分の会社の社長を超えて呼ばれてさ。オレ酒飲まないのに、そんなところでじじいと酒飲むのに付き合って。そうすっと、だんだん面倒くさくなるわけよ。でも、そういうのが会社員なんだよね。オレの場合、親父も勝手な世渡りしてたから、親父が死んだらうちの一家はえらいことになるってのがわかってたから、親の手助けになればいいなって思っててね。それで勤めてたもんだから、まあ、面倒くさくってさ。それでもずっと土建業をやって、二十歳から三十三歳まで、がっちり建設現場畑でやってましたよ」

仙台まで名前を轟かすほどにヤンチャをしていた人物が、一転して、いわゆる堅気の仕事を一筋にやっていく。バランス感覚がいいのである。

成田との出会い

明友館に大量の物資が運び込まれるようになるのは、千葉と、東京にいて彼の安否を気遣っていた成田の電話が通じたことに端を発する。なぜ、成田が千葉をバックアップして、被災地の窓口としたのか。

千葉と成田の関係は、二十年以上前の出会いから始まる。

「仙台市のなかでも東地区っていうのは、石巻みたいにルールのないとんでもない奴らがいる地区で、そこをグッと締めてたのが、いまはハーレーのカリスマの成田君だった。彼とオレを結びつけたのが、いまはサンフランシスコでタトゥーアーティストやっていて、アメリカでも五本の指に入ると言われてるカーリン・スティーブンスって大物で、そいつがもともと仙台だったんだよね。それで、成田君と会ってくれって。友達になったら絶対に馬が合うからって、何度も言われてさ。そいつが、仙台から成田君を連れてきたんですよ。オレが二十二歳のころにね。就職して仙台に居たんだけど、そんときは石巻で会うことになってね。オレはひやかしだから、『いやー、どうもー』みたいな感じで、握手の手を出してさ。そしたら、向こうもシュッと出してきてね。案外、いい奴なんじゃねーのって。それですごく仲良くなっちゃってね」

成田は、そのころから現在に至るまで『HASH BALL』というハードコアバンドの活動を続けている。最初の出会いで仲良くなってから、東京や地方のライブに一緒についていくこともしばしばだった。

「ライブにも一緒に行ったたし、カーリンが、東京でウィークリーマンションを拠点にタトゥーの仕事するってときもオレが仕事休みのときに遊びに行ってね。そいつが仕事でオレは暇だから、東京にいた成田君と一緒によみうりランドに行こっかって、一緒に行ったりね。ふたりでジェットコースターなんか乗って、『ワーッ』みたいなね。やっぱり普通なんですよね。不良の厄介者で、街を歩くとゴロツキなんだけど、子分のいないところとか、自分の仲間がいなくていかつくしなくていいシチュエーションができると普通なんです。やっぱりその年なりの若者なんですよ。そんなの見てると、普段は気を張ってんだなってのがわかる。向こうは子分をいっぱい連れて軍団を作るタイプで、オレは昔から自由気ままにあっちこっちのグループ行ってひっかきまわしてって、面白がって世渡りするタイプで、お互いに正反対だったんですよ。それが良かったんだよね」

お互いのスタイルが見えてきて、お互いのことがわかるようになる。二十代前半のこうした濃い付き合いを経たことで、頻繁に会わずともその強固なつながりは保たれていった。仙台出身の成田が、被災地支援をしようとしたときに、やってくれるのは「石巻の千葉ちゃん」しかいないと考えたのは、必然だったのだろう。

自由な世渡り

千葉を語るうえで、欠かせないのが笑いである。その周囲にはいつも笑いがある。かつて、石巻の千葉ちゃんと恐れられていた千葉率いる軍団も、傍目には、「なんか楽しそうにゲラゲラ笑ってる集団」と見えたという。その笑いのルーツとも言えるのが、千葉が通っていた石巻工業高校の〝校風〟にある。

「すごい〝おもしろ学校〟ですよ、いつも笑いが絶えない。いまは、オレたちのころの校風はないけどね。朝礼のときに校長先生の話が始まったときに、おもしろヤジを飛ばして、誰が笑いを取れるかが大事。おもしろい奴が一番だったからね。やっぱり笑いが生まれないとね、どういう場面でも。結局、一番重要なのはそういうことなんだと思うよ」

小さいころから、気付くと人が周りに寄ってきて、いつの間にかリーダー的存在になっていたのだが、本音では、自由気ままに堅苦しくなく、笑っていられるのが一番良かったという。

「オレは、堅苦しい先輩、後輩とかが、面倒くさくなっちゃう。自由が一番。フリーダムですよ。結果的に、オレみたいな広く浅く、ジャンル問わず、例えば、東京のミュージシャンだったりとか、地元のサーファーだったり普通の堅気の企業家の方たちとか、一般の人たちとかともまんべんなく広く浅く世渡りしてきたのが、今、こうして被災地で旗振りするのにちょうどいいんですよ。成田君は成田君で物資を投入するのに、これまでハーレーっていうひとつのモノを守ってきて、日本全国に二万人とか、そういう規模のカリスマになってる。だからこそ、資金力もあるし機動力もある。そういう成田君と、オレが、こういう震災があったときに、いざ動くとなるとマッチしてるんだよね」

千葉が三十三歳のときに出会った人たちも、明友館の活動に影響を与えている。高円寺にあるライブハウス『娯楽の殿堂 稲生座』の面々だ。千葉がこれまでの人生で得た経験のなかで、稲生座の人々から学んだことは彼の人生観すら変えていた。

「稲生座には、ミュージシャンからストリッパーまで色んなアーティストが出る。ここに集まる人たちは、人間の選り好みをしないんだよね。音楽とかクリエイティブな何かを自分から生み出す人のことを素直に認める人たち。それが宿無しの浮浪者だろうが、商社マンだろうが、決して人をバカにしないんだよね。面倒を起こすような人に対しても、そういう奴はそういう奴なんだから仕方ないとして、いいところを引き出そうとするんですよ。若いころなんか、オレは人の好き嫌いがはっきりしてた。そのままだったら、明友館でもみんなと仲良くなんてムード作りはできなかったと思うし、避難民それぞれが役割を持って生活するなんてこともできなかっただろうね。稲生座の人たちも、お金のないなかで石巻まで来て炊き出ししてくれたりね」

　そうした人生を経て千葉は震災の一年前に石巻に戻り、港湾供給業の会社を経営していた。港湾供給業とは、港に着いた外国船が積み荷を降ろしている間に船のメンテナンスをする際、メンテナンスに必要な資材から、船員が必要とする生活物資の類までを揃えて、オーダー通りに供給する会社である。この仕事も、明友館に運ばれて来た物資を、よその避難所に送るという、「支援する避難所」の役割を果たすのに見事にマッチしていた。

「仕事柄、交渉するのが苦にならない。赤の他人に、ひとつの物事を簡潔に伝えるっていう電話でのやり取りが全然苦にならなかったので、それも良かったのかなって」

　必要とする場所に物資を運ぶ仕事をこなし、二十年来の仲間は全国二万人のカリスマとなって二万人分の「東北を支援したい」という気持ちを石巻に運んでくる、さらに、彼自身が渡り歩いてきたなかで知り合った数多くの友人も彼をサポートしている。明友館に千葉がいるということは、何か運命づけられているようにも見える。

「たまたま自然とこうなってんじゃねえかな。ここには電気のプロがいて、重機を操るオペレーターがいたり、そういうのと一緒で、たまたまこういったキャラクターが明友館の目の前に住んでてここにいたってだけで。『オレやります』なんて一度も言ってねえもん。たまたまですわ」

と、千葉は笑う。しかし、彼の高校時代からの友人で、仙台市内でハーレーのカスタムショップ『DEEP SLEEP』をやっている遠藤は震災後に千葉とこんな話をしている。

「オレは、千葉ちゃんに『命の恩人』って言われててさ。高校のときに千葉ちゃんとオレともうひとりの奴と三人で、バイクで峠を攻めに行ったんだよね。千葉ちゃん、すげー速くてね。でも、事故っちゃったんだよ。バイクが転がってるんだけど、千葉ちゃんがいくら探してもいなくてね。そしたら、道路の脇の側溝にすっぽりとはまってた。幅が三十センチぐらいしかないんだよ。両手両足とも骨折の大けがでさ。千葉ちゃんは、『あのとき、遠藤君が見つけてくれなかったら、オレ死んでたよ』っていうんだよね。今回の震災では、明友館は本当に困ってる人のとこに物資を運んでるでしょ、千葉ちゃんが先頭になって。明友館で千葉ちゃんと会ったとき、千葉ちゃんが言ったんだよね。『あのとき、オレの命が助かったのは、これをするためだったんじゃないかな』って」

千葉の熱心な支援活動を見ていると、どうしても「たまたま」とは思えないのである。

第四章　支援する避難所

物資の山が届く

三月二十日の午前二時に、大量の物資を運んできた新潟のハーレーカスタムショップ『CORE CREW』の中島志門は、驚いたことに翌日の夜にも明友館にやってきた。しかも、今度はデカいアメ車とトラックに物資を満載にして。

糸数は、中島のタフさに舌を巻く。

「最初、夜中の二時に来て、すぐ次の日に来て、また、その二日後にも来て。一週間後には重機も持ってきてくれて。新潟と石巻を何往復もして、この人は寝てるんだろうかって感じでしたね」

東京にいる成田からの指令を受けて、石巻入りした中島は、自分の店のホームページでも「救援物資募集」を呼びかけていた。その呼び掛けに応じたのは、バイク仲間だけではなかった。行政などの救援物資の受け入れ窓口が物資の種類を制限していたために送り先が見つからずにいたバイクとは無関係の人たちも大勢いた。そのため、しばらくの間、中島の店ではショールームにも物資の詰まった段ボール箱が山と積み上げられていたという。

その物資をピストン輸送で、明友館へと運んでいたのだ。
千葉と中島は、今回の震災で初めて知り合った。
「志門は成田君の指令で、ドラム缶にガソリンを満タンにして、宮城に入って仙台からずーっと避難所や知り合いの家を四ヵ所くらい回ったらしいんだけど、最後に石巻に入って驚いたみたいなんだよね。『ここの被害はひどい』って。それで初めて明友館に来た帰りには、成田君に『オレを石巻担当にしてください』って宣言したらしいんだな」
中島が三回目に明友館に来たときに糸数との間で、明友館の活動を運命づける激しいやり取りがあった。糸数は、このときが『最強の避難所』が誕生した瞬間だと振り返る。その様子は糸数によって記録されていた。
中島　他にも何かここに必要なものはあるの？
糸数　そうですねぇ、いま現在使い捨ての容器と割り箸を何度も洗って使っている状態なんで、できればプラスチックの容器と塗り箸が欲しいです。
中島　準備しとくよ。他に必要なものは？
糸数　くれくれと言うばっかりで本当に申し訳ないんですけど……。

中島　言うのはタダだし、言ってよ。無理だったら無理っていうからさ。

糸数　品薄だと伺っているので非常にお願いしづらいのですが、ポリタンクが二十個ほどあると、このボロボロになった袋を使わなくて良いので助かります。

中島　お前！　何でそれをオレがこのまえ来たときに言わなかったんだよ！　おまえが欲しいって言ってれば、もうここにポリタンクがあったんだぞ！

いきなり激しい言葉で、中島はこう言い放った。しかし、糸数は、被災地にいるからこそ抱える思いをこう伝えた。

「これが貰えるならあれも欲しいという物欲が湧《わ》いて、何が必要な物で、どこからが贅沢《ぜいたく》品になるのか、というライン引きが難しいんです。ポリタンクについても、それが当てはまるわけで。他の避難所だけでなく、被災地以外の地域でも品薄だと聞いたので、明友館でたくさん使用することが、いまの段階では贅沢なのではないかと考えていたんです」

被災地の外では、被災者がどんなことを考えて生活しているかについて、現実味を持って想像することは容易ではない。糸数の話からは、避難所で生活する人たちしか抱きようのない思いがあるのだと感じられる。被災し、大変な状況のなかにあって、自分たちだけ贅沢をしているのではないかと己を省みるのだ。

糸数の話を怒りを鎮めながら聞いていた中島は、しばらくの沈黙の後、こう切り返した。

「でもさぁ、いいじゃんそれで。こう考えられない？　この避難所が、他の避難所よりも良い暮らしをしちゃってさ、それを見た他の避難所がここの真似をして頑張れば、結果的に全体の底上げになるし。それに、ここで余分になったり、必要なくなった物資を他に回したら、他の避難所も潤うことになるんじゃないの」

余れば他に配ればいい、みんなで分け合えば被災地全体の底上げになる。この考え方は素晴らしい。だが、実践するのは、難しいのである。大量に届いた物資をどこへ運べばいいのか、どこに困っている人がいるのか、誰が運ぶのか、受け取ってくれるのか、そもそも物資は余るほどくるのか。ところが、千葉はこれまでの人生で身についていた生き方をそのまま行動に移すことで、自らが旗振り役となり支援活動を実践していく。

「オレの友達は、ガキのころから余計なことばっかりして自分で転んでは、起き上がりってことを繰り返してきた。でも、自分で起き上がれそうもないときは、みんなでちょっとずつ手を貸して起こしてやろうぜっていう風にやってきた。困ってる奴がそこにいるから助けるって当たり前のこと。そうやってきたから、オレの仲間も被災地の奴を助けようって、絶対に物資を送ってくるのわかってた。それに物資はいくらあったって被災地全体で見たら足りないいんだから、いくらでも持っていく先はあるんですよ」

すでに物資は、保管庫とした一階の十五畳ほどの部屋に積まれていた。このころから、明友館はただの避難所から、「支援する避難所」としての顔を見せるようになる。

中島が明友館に出入りを始めた三月下旬ごろ、後々まで明友館をサポートし続けるようになる別のグループもやってきている。

千葉県でのゴミ拾い活動を草の根的に続けているNPO法人の『まるごみJAPAN（以下、まるごみ）』というグループだ。その主軸となるのが、まるごみの全権代表で、FMラジオ局ｂａｙｆｍで番組も持っているDJ KOUSAKUと、まるごみ船橋の実行委員長の大原俊弘だ。大原は船橋市で建設会社を経営しており、六本木のディスコ・マハラジャのオーナーでもある。彼らは三月二十四日に初めて明友館に物資を運んでから、強力に明友館をサポートすることになる。

彼らは、二回目の訪問となった三月二十八日には、四トントラック二台に、野菜や生活用品などを満載してやってきた。

　どんな申し出も千葉は断らない。ただ、それを隣で見ている糸数は肝を冷やした。

「あれには焦りましたよ。四トン車にいっぱいの野菜って、すごい量ですよ。トラックから明友館の物資保管部屋に搬入するんですけど、十品目ぐらいあって、白菜とか止まらないんですよ。いくら運んでも、えっ、白菜だけでまだこんなにあるの⁉って。こんなにあったら絶対に腐らせてしまうよなと思いました」

　物資の保管部屋は、野菜の山で人が通れなくなるほどになった。この山を前に千葉はこう考えていた。

「『ここに野菜ありますよ』って広めたら、あっという間になくなりますよ。それをどうイメージするか。明友館での作業のこと、物資を仕分けたり運び入れたりってことばっかり考えてると、重労働だし朝から晩までやらなきゃいけないし、野菜とか足が早いものだったら腐る心配もある。でも、野菜ってみんな絶対必要だよね、欲しいよね、だったら必要なところを探そうぜって、考え方を切り替えればいいわけですよ。仕分けとか搬入とか、他のことはひとまず置いておくんですよ。あとは、野菜いっぱいありますよ、取り放題ですよってことを近所の人に知らせる。野菜なんていらねーって奴はひとりもいないですからね。遠くからもチャリンコで来ましたよ。前にも後ろにもたくさん積んで、よろよろ帰って行きましたよ。『近所に分けるからね、どうもねリーダー』なんつってさ」

結局、最初の二日間でほとんどの野菜がさばけ、三日間ですべて出し切っていた。

糸数自身も考え方が変わっていった。

「余ったら配ればいいって、よくよく考えればそうなんですよね。自分のところのことだけを考えたら、とてもじゃないけど百三十人で野菜四トンは無理ですもん。百以上ある避難所が、こっちは食べ物余分に出たけど、もしかしたら隣の避難所は困ってるかもしれないっていう、そういうネットワークが出来ていれば、もっと早く、それこそ被災から一ヵ月くらいでもっと楽な生活ができてたかもしれないですよね」

明友館では、余ったらよそへ配るということを積極的に進めていった。その活動は、バイク軍団のブログやホームページ、まるごみの活動報告、その他、明友館を訪れた人たちによってどんどん広がっていった。

震災が起きて、日本全体が東北を助けようという気持ちで溢れたときのことを思い出して欲しい。義捐金《ぎえんきん》や物資を送る、そうした行動の先に何があったのか。物資の受け付け窓口となった行政では、救援物資の品目を厳しく制限し、該当しない物資は東北にすら送られず被災地の外に留め置かれた。赤十字などへの義捐金は、これからの復興にとても役に立つことは間違いないが、財産のすべてを流され、仕事も失ってしまった被災者にとっては、当座のお金がどれほど必要だったか。しかし、赤十字から各被災自治体に分配された義捐金は、半年以上経った時点でもほとんどの被災者の手元には届いていなかった。

被災地では、行政や巨大ボランティア団体が常駐する避難所に大量の物資が送られ、物資庫となった体育館などに山と積まれていた。同じとき、行政が見落としていた小さな避難所や、在宅で避難している人たちのもとには、満足な食べ物さえ届いてはいなかったのである。それどころか、被災地を支援しようという全国からの思いのこもった救援物資や義捐金が被災者の手には届かなかったのである。

なぜ、こんな不平等が起きてしまったのか。明友館の避難民たちが、自らボランティアとなり、行政が見落とす被災者のもとに物資を運ぶようになることで、この疑問の答えは明らかになっていく。

避難民による支援開始

明友館の男たちは、外から物資が届くようになったことで、食料調達や瓦礫の撤去、明友館のインフラ復旧などのスピードをぐんぐん早めていった。それと同時に、明友館以外の場所への物資運搬にも力を注ぐようになる。ところがこのころはまだ、明友館の瓦礫撤去も十分ではなく、避難民の寝食すら満足な状態でなかった時期である。それでも、千葉は進んで支援活動を行った。

「まだ、明友館の生活は軌道に乗ってなかったけど、自分たちのところには必要なものが最低限あれば良かったからね」

三月中には、新潟の中島の声かけにより、軽トラック二台が明友館の物資運搬用に運び込まれた。千葉はこのときを待ってましたとばかりに、精力的に動き出す。

「電話はつながっていたので、どこに物が足りないかという情報だけは入ってました。軽トラが来たことで、物資を運ぶ体制が整ったわけです。それまでは、相手先に運搬可能な車が残っていれば、片道の燃料だけなんとかしてここまで来いって、そうすればなんとかなるからって物資を取りに来てもらってましたからね。あとは、志門を始めとする外から救援活動に来てくれている連中に頼んで持って行ってもらったりしてたね」

軽トラ二台を得た明友館が向かう先は様々だ。その共通点は、困っているところだった。

「石巻市内だけじゃないからね。最初のころから牡鹿半島とか北上とか、身近じゃないところにもガンガン行ってた。行って帰って一日がかりというところですよ。『あそこには自衛隊が入ってないらしい』とか、そういうところには真っ先に行ってたね。行政と自衛隊が連携取れてなくて、そういう大変な状況になってるんだろうから、そこに困ってる人の姿があれば、オレたちが行って、『同じ被災者でもこういう奴らがいるんだな』って安心感を持ってもらえるからね。あとは、東京のバイク乗りがすごいちっちゃい漁師町の出身で、連絡が取れてみたら家族も親戚もすごい困ってて、自衛隊のヘリコプターも通り過ぎてしまうようなところで、二週間の間、毎日バナナ一本を分けて食べてましたとか、そういうところに走るんですよ。うちが行けないところは、仲間に走ってもらって。そういう連続でしたよ。地図にないような山道を辿《たど》ってね」

行政が見落とす地区もあれば、自ら支援を拒否する地域もある。というのは、石巻よりさらに北へ向かった漁師町などでは、もともとの風土として人に助けを求めない、自分たちだけでやっていくという考え方がいまだに根強い。こうした考え方が、震災で困窮したとしても抜け切らず、結果的に孤立してしまうケースがある。漁師は良くも悪くも、すべて自分の責任という生活をしている。多く獲れたからといって、隣の漁師に分け与えることもなければ、不漁のときに魚を分けて貰いに行くなどあろうはずもない。支援物資も同様で、自分の集落の避難者が百人だとして五百人分の食料があったとしても、それを隣の食料不足で困っている集落へ分けるという考えにはなかなか及ばないのである。

支援を拒む被災者への支援活動は、なかなか難しい。そこを仕切る区長の柔軟性にもよるが、よそ者が一回行ったぐらいでは、受け入れてもらえない。何度も足を運び、やっと受け入れ態勢を整えてくれるのである。気の長い交渉である。明友館では、こうした集落へも物資提供を積極的に呼び掛けていた。

運び込む物資は、同じ被災者だからこそ気付く物を持って行った。千葉が言う。

「最初のうちは本当に物資が行き届いていなかった。それに必要な物って決まってるからね。食べ物、暖を取れる物、着られる物。逆にこっちも便利な物とかは思いつかない。思いつくのは、ガソリンだの軽油だの、あとは薪ストーブがあったから薪だったり、それが限界。五月に入ってから、嗜好品《しこうひん》とか、みんな汗水たらして昼間は活動したから、夜に晩酌してた方は晩酌できるようにしてあげたいなってのが出てくる。それまでは、困ってるって情報がどんどん入ってくるんで、それを何とかしないといけない。それに追われてた。だから、風呂に入ってないことも苦にならないし、電気がないのも気にならない」

取り残された集落や、小さな自主避難所、在宅避難で困っている人がどこにいるのか、千葉は情報を待つだけでなく、積極的に探しに向かった。

「一番最初は、声かけですよ。小さい避難所なんかを回ってね。それでお寺にいるとか、神社に逃げてるとか、どこそこの幼稚園にいるみたいだよとか、そういう情報をもとに直接行ってみる。『なんか困ってませんか？』って聞いてみて、『自衛隊が来てるから大丈夫です』ってなればリストから外していくわけです。他にもマンションなんかには、避難所へ行かずに在宅で頑張ってる人も大勢いたので、各部屋を回りましたよ。呼び鈴が停電で壊れてるからドアを一軒一軒叩いて回ってさ。でも、中からチェーン掛けられて『どなたですか？』なんて怪しまれるわけですよ。そのときに、これが役に立つわけですよ」

と、千葉が手にしたのは、「防災指導員」と胸と背中に書かれた、黄色い上着だった。

「厚木市の防災指導員の作業服なんですけど、鎌倉に仙台出身の友達がいて、こういう文字とかをプリントする会社に嫁いだんですよ。そこにミスプリントしたのが残ってるっていうんで送ってもらってね。明友館のみんなで『これ着たら、ちょっとまじめじゃね？』とか言ってね。そしたら、効果てきめんですよ。うちで物資を積んで北上する、仙台のバイク部隊にもこれ渡したりして。これ着て被災地をうろちょろしてるだけで、向こうから『すいません』って来てくれるからね。あとは、まるごみさんにもらった赤いビブス（ベスト）もすごい威力ある。千葉のＮＰＯだからね。これを着て軽トラックで幼稚園に行くんですよ。そうすっと、保母さんが、『何か持ってきてくれた！』って、キャーですよ。もう向こうの態度が変わりまくりですよ」

実は、被災者による被災者のための支援活動も、最初はなかなか上手くいかなかった。

「避難所でも、もう五十メートルくらい手前から警戒されたりね。とにかく、受け入れてもらう為の工夫が最初はすごい大変でしたね。ソフトタッチで、こういう救援部隊っぽい服を着てさ。一度行ったとこだと、向こうから『千葉さーん』なんて言われて、『おーっ』

なんて挨拶しちゃって。『あっ、千葉さん、またコマネチやってんぞ』みたいな関係を作っていくんですよ。そういうのを毎日、毎日やってたね」

被災者がよそから来る人間に対して警戒するのも無理はない。震災直後の混乱していたころには、ハイエナのように被災者を食いものにしようとする詐欺的な犯罪を行う輩《やから》が実際にいたのである。ゴミの回収業者を装って、水に浸かってしまった物をダンプに積んで、一台五〜六万円を請求したり。物資を定価の十倍もの値段で売りつけたり、弱みにつけ込む連中が跋扈《ばっこ》していたからだ。

受け入れ拒否の避難所に横から突っ込む

大きな避難所にいれば、様々な物資も入ってくるし、なにより行政やボランティア団体が運営をしているので問題はないかといえば、必ずしもそうではない。千葉は、そういったところには厳しい目を向けていた。

「でかい避難所なんかにNPOが常駐してたりするけど、その活動みてると、だいたいが『オレたち、困ってるところ助けてますよ』って周りに発信したいってのが第一前提になってる。巨大ボランティアが常駐してるところは、オレたちが入る隙《すき》がないんですよ。なんでかっていうと、それが奴らの縄張りだから」

それでも、明友館の活動としては、困っている人がいれば手を差し伸べるのである。

「実際に行くとさ、そこの代表とかが出てきて、『うちじゃ困ってませんよ』なんて言うわけだよ。どっかよその土地から来たよそ者がさ。でも、こっちはそいつのところに避難してる奴が大変だからって言うんで行ってるからね。それで、避難所の前で子供に話しかけて、『パパかママを連れてきな』って。それで聞くんですよ。『あの代表面した奴に何かしてもらってるか?』って。そしたら何もしてもらってませんって言うんですよ。だから、そのパパに、『お前がこの避難所のニーズを集めて、オレのとこに電話してくれ』って頼むんですよ。それで、横から物資を投入する」

常駐しているボランティア団体には、おかしな決まりごとがある。避難民には必ず平等に接しないといけない、平等に物資を配らなければいけないというものだ。

「その避難所に五百人いたとすると、そこのボランティアの奴は、五百人分集まってないと渡せないってバカなことを言うんですよ。でも、うちは『いま百五十人分あるから、お前の判断で百五十人に配れ。年寄りと子供からだぞ。とりあえず、お前は我慢しとけ。次々物資投入するから』って持って行くんです。そうすると、みんなありがとうって言ってくれますよ。大きなボランティア団体はどうしてるかっていうと、五百人分がやっと集まりました、さあ配りましょう、ってところにはみんなすでに持ってる。結局、その五百人分は塩漬けですよ。オレから言わせれば、ちゃんと気を利かせて、寝たきりのお年寄りが凍えちゃって大変だから、防寒着が少し入ってきたら、まずはそこからだなって渡せばいいんですよ。それで文句言って来る奴には、『うるせー、このヤロー。おめーはちょっと我慢してろ!』でいいんですよ」

こうした半ば強引に見える活動も、その主旨はやはり、そこに困っている人がいるのをなんとかしたいというシンプルな思いから出ている。

この強引な物資投入は、自衛隊の末端にいる隊員にも知れ渡ることとなった。

「ある避難所の災害本部に電話したら、『自衛隊の物資があるんで』とかいうんですよ。でも、こっちはどうせ人数分揃わないと出せないんだろうっていう現実をわかってるんで、みんなで『ありゃ絶対困ってるでしょ』って、物資をバタバタと軽トラに積んで、こっそり入れるんですよ。そうすっと、自衛隊が来て、『何ですか？』とか聞くんですよ。こっちは『何ですかじゃねーだろ、あっち向いてろよ、この人たちに必要なんだから』って言うんですよ。自衛隊も命令系統で、命令がないとできない。本当はやりたいと思ってるんだけどね奴らも。だから、自衛隊なんてうちのファンですよ。『千葉さん、何かやれることありますか？』なんて聞いてきますからね。『じゃあ、車貸せ！』って。『いや、それは無理です』とかいいながら、オレたちは物資を投入するんです。『お前、いまのは見なかったことにしろよ。オレはここにはいなかったんだぞ』なんていうと、『ハイ！』って敬礼なんかしちゃってさ」

実際に規模の大きな避難所に行ってみると、あまりの頭の硬さに驚かされることがある。学校などの避難所には、対策本部が設置されていて、そこには行政やボランティア団体の人間がいるのだが、物資が届けられても、彼らがまず口にするのは、

「リーダー会議で承認を受けないと、こちらでは受け入れられません」

という、目の前の被災者がまったく見えていないような言葉なのである。

動きの鈍いボランティア団体や、行政からの運営管理者の頭越しに明友館の支援の輪は

広がっていく。

なんでも揃う物資庫

明友館の活動を周りからサポートする人たちの数は、日を追うごとに増えていった。そんななか、内側から明友館の活動を支えようという強力な助っ人が現れた。

千葉の高校時代の一年後輩で、二十数年来の付き合いがある後藤淳（四十二歳）、通称「ギャンさん」だ。千葉よりも長い髪を後ろで束ね、口ひげを蓄えた風貌、そして、喋り出すと止まらず、しかも、相手を笑わせるスタイルには、石巻工業高校出身というＤＮＡのようなものを感じさせる。

仙台在住の後藤は、震災直後から両親と千葉を探しに、地元・石巻に来ていた。千葉の携帯電話が通じてからは、仙台と石巻を頻繁に往復し明友館で支援活動を手伝っていた。その彼が、四月十三日に勤め先のリフォーム会社を辞めて、明友館で寝泊まりするようになったのだ。晴れて明友館の一員となったのである。後藤は、これまで数多くの職業を経験している。物流倉庫の管理運営を任されていたこともあり、その経験を自らの役割として明友館の倉庫番を担当することとなった。

明友館の物資庫には、品目数でも数百種類が備蓄されているため、支援活動を円滑に行うためにも、全国から送ってきた物資を無駄にしないためにも倉庫の整理は喫緊の課題だった。後藤が、明友館で本格的に支援活動に入ったことで、それまで大まかに種類分けされて部屋に押し込まれていた物資が整然と並ぶようになる。

ここで、支援する避難所として重要な機能を果たしている物資庫について見てみたい。明友館には物資を置く部屋が全部で四つある。まず、玄関を入ってすぐ右側に、薄いクリーム色の木製ドアがある。この部屋が物資の出入りが一番多い部屋である。もとは職員の事務室で、中に入るとふた部屋に分かれており、入って正面が十五畳ほどの部屋で、左手には二十畳ほどの部屋がある。ふたつの部屋は壁で仕切られている。

このふた部屋の小さい方の部屋には主に食料が備蓄されている。レトルト食品、カップラーメン、缶詰といった保存食。それに菓子類も豊富で、駄菓子からメーカー品のスナック菓子、外国産のものもたくさんある。そういったものは、品目ごとに大小様々な段ボール箱に詰められ、箱の上と横にはマジックで誰が見てもわかるように品目が書かれている。

いざ、搬出となったときに作業をスムーズに行うためである。

食品の他には、飲料水も豊富に蓄えられている。被災地では、水道が復旧した後も福島第一原発の事故による水道水への不安を抱えている。特に小さな子供を持つ家庭や、子供施設ではミネラルウォーターの需要は高い。明友館では、在宅避難民のお年寄りや小さな子供がいる家庭への支援にも力を入れているが、そういった家庭に物資を運ぶ際には相手から「水が欲しい」と言われなくとも、二リットル入りペットボトルが六本入った箱も一緒に運んでいる。飲料水以外にも、コンビニにあるようなペットボトル入りの炭酸飲料やコーヒー、その他、ビールも二十四缶入りのケースが何段も山積みにされている。

医薬品もこの部屋に揃えられている。スチール製の事務用の棚には、風邪薬、痛み止め、せき止め、目薬、湿布、マスク、その他、普段の生活で想定しうる病気やケガの症状には対応できるだけの医薬品が揃えられている。避難所で生活するうえでは誰かひとりが風邪でも引いてしまうと、それが避難所内で一気に広まる可能性が高い。特にお年寄りや子供に対しては注意が必要となる。医薬品が常に確保されていれば、避難民も遠慮をしないで済む。明友館の住人が、千葉や糸数、後藤のところにやってきて、「ちょっと、お腹が痛いんだけど」とか、「風邪っぽい」などの症状を訴える姿はたまに目にする。

ふたつに分かれた部屋のうち、大きい方の部屋は、子供たちへの支援物資で溢れている。画用紙やノート、筆記用具の種類と在庫の豊富さは町の文房具屋をはるかに凌《しの》ぐ。その他、子供たちにたくさん遊んでもらいたいという思いで送られてきた、パズル、紙ねんど、ぬりえ、しゃぼん玉、縄跳び、ぬいぐるみ、ディズニーやポケモン、アンパンマンといった人気者のキャラクターグッズほか、考え得る子供が喜びそうな物がある。他にも、子供用の衣料品、おむつ、おしりふき、粉ミルクなど、小さな子を持つ母親をサポートする物や、石鹸や洗剤などの生活用品が置かれている。さしずめドラッグストアの小型版と言ったところだ。他にも一部、米などの食料品や、調味料の類も置かれている。

明友館の広い玄関スペースには、五十CCのスクーターが数台と、子供用の自転車が置いてある。どちらも物資として運ばれた物で、水色の子供用の自転車の持ち主は、タフな災害復旧係長・丹野正樹の娘の愛佳である。八歳の愛佳はまったく物おじしない性格で、日に何人もの大人が出入りする明友館で、彼女が興味を持てばその大人の周りにまとわりついて、「ねえ、遊ぼうよ」と屈託のない笑顔で話しかけてくる。その人気は明友館のマスコット的キャラクターと言ってもよく、特に女性の訪問客には絶大な人気を誇り、愛佳に再び会いに来るボランティアの女性も多い。彼女のもとには、彼女宛の手紙が十通以上も送られているのだが、避難所でファンレターを何通も貰う女の子というのも珍しい。

さて、入口を入って正面に停めてあるバイクや自転車を挟んだ向かいには、二階に上がる階段がある。公共施設にみられる頑丈な作りの吹き抜け階段で、途中二ヵ所の踊り場で左回りに二階へと続く。階段の白い壁には津波の跡が、ひとつ目の踊り場の辺り、大人の肩ほどの高さにうっすらと残っている。その階段の横に建物の奥まで続く廊下がある。

廊下を進み、左手に階段、そのはす向かいに「図書談話室」がある。広さ三十七平方メートルのこの部屋こそ、明友館の前線基地であり、男たちの夜の会議室となった場所である。電気もないころから、いつでも笑いが起こり、その空気が明友館全体を包んだ。明友館の支援をしたいと訪れた数多くの人たちも、まずはこの部屋へ向かい、その避難所とは思えない明るい空気を吸い込むのだった。そして、必ず思うことがある。

「こんな避難所見たことない」

生きることに真剣になった人たちが集まり、彼らの力になりたいと思う人々は明友館の人と言葉を交わし、被災地の現状を知り、さらに何が必要なのかを知る。そして、支援しにきた人たちがむしろ背中を押されるように支援に向かうのである。談話室には、三月二十八日に三十二型の液晶テレビが置かれ、三十一日には水没したソファーを掃除して使えるようにして部屋を入ってすぐ右側に設置された。

図書談話室を右に見ながら通り過ぎると、同じく右側にシャワールームがある。シャワーは、図書談話室にある「シャワー利用表」という、ホワイトボードに書かれた三十分刻みの時間表に自分の名前を書き込んで予約して使っている。

さらに廊下を進むと、右側に「第一和室」という十六畳の部屋がある。この部屋も物資庫となっている。ここには、トイレットペーパーなどの消耗品、女性用の生理用品、介護用おむつなどが収められている。この部屋は、物資が大量に運び込まれる前の一時期、「娯楽室」と呼ばれていたことがある。娯楽室には、タクシー運転手の佐々木が木っ端とベニヤ板で作った麻雀卓があり、実際に麻雀もしていた。第一和室の泥かきをするとき、水を吸って数十キロにもなった畳も、男たちは率先して運び出した。その先に娯楽があったからである。避難所に娯楽室というのは、指定避難所では設置されることはなかったであろう。しかし、明友館の目指した震災前の人間らしい生活ということを考えれば、生活のなかに娯楽があることに何の疑問もない。それを集団生活ということばかりにとらわれて、無理やり抑制することでストレスを溜めることより、いいとは考えられないか。

行き過ぎた行為をとどめる抑止力もまた、日常生活を送ることを前提に考えれば、避難民それぞれのなかで働くはずなのだ。

話を物資庫に戻す。廊下の左右にも様々な物資が詰まった段ボール箱が積み上げられている。廊下は人ひとりが通れる約六十センチほどの通路となっていて、突き当たりの左側に鉄製の扉がある。「調理室」のプレートが掲げられた部屋で、広さは四十八平方メートルほどもある。この部屋は衣料庫となっており、サイズ別、季節別に分けられ、それぞれ大きな段ボール箱に収納されている。その物量たるや、部屋全体を埋め尽くすほどの量に達したほどで、圧迫感さえあった。

震災直後、三月の寒さに震える被災者の映像が連日のようにテレビで報道されたことで、三月から四月、五月に入っても、大量の衣類や毛布が被災地全体に送られていた。明友館にも日本のみならず、外国からも段ボール箱いっぱいに詰まった衣類が届けられた。しかし、そのなかには、シミがついた上着や、毛玉だらけのセーターなど、あきらかに古着というものがかなり含まれ、さらにサイズが被災者のニーズに合わないなど、持って行く先がない衣類がかなりの数に上った。

明友館でも、行った先の避難所などで受け取りを丁重に断られるということが幾度もあった。これは被災者の贅沢なのだろうか。いや、そうではないだろう。被災者だったら、着られる物であれば何でもいいだろうと考えるのは、被災していない人たちの思い上がりではないか。同じことは、巨大NPOの炊き出しなどでも、見ることができる。

「食べ物なら、何でもいいだろう。自分たちは被災者に食べさせてやっているんだ」

もちろん、これはごく一部のボランティア団体の行為だが、被災地では実際にこの言葉をそのまま態度に表して被災者と接するボランティアがいるのも事実である。

明友館では、どうしても引き取り手のない衣類について、そのまま留め置いていても仕方がないということで、支援を必要としている海外の国に向けて衣類の一部を送っている。

三月二十九日にはすでに、一階の部屋を物資庫とすべく泥かきが行われた。つまり、震災からわずか二週間ほどで、自主避難所に大量の物資が送り込まれていたのである。それはまぎれもなく、明友館を軸とした支援活動への期待が大きかったということであろう。

支援物資の最後の砦《とりで》

明友館には、支援物資を送りたいという要望が数多く寄せられる。そのため、千葉の持つ「I♥TOUHOKU」という丸いステッカーの貼られた二台の携帯電話は、ひっきりなしに鳴っている。

「はい、どーも千葉です！　おつかれさまでーす」

その声はいつも明るい。ところが、たまにとんでもない支援の申し出がある。糸数は、隣で千葉と電話の主とのやり取りを聞いていて、幾度となく驚かされたという。

「えーっ、それも受けちゃうんですかというのがいくつもあるんですよ。四月の下旬に八個入りのいなり寿司が八百パック来たんですよ。そのとき、明友館の人は七十人ぐらいしかいなかったです。百人分はなんとかなったとしても、残りの七百人分はどうするんだってなったんですよ。でも、リーダーは全然余裕なんですよ」

八百食、それも保存の利かないいなり寿司である。ごくごく一般的な避難所では、「うちでは行政からの食料支援があるので、引き受けられません」と断るはずだ。

千葉はこのときも、「ありがとうございます」と、平気で引き受けた。

「この避難所のことだけを考えたらえらい数だけど、そのサイズの合う避難所はあるから、そこを探して割り振りするのが仕事。面倒くさいからって断ってもいいかなっていう物もあるし、実際にそれで断ってる避難所もある。でも、うちが断らないのは、困ってる人がいるから。いなり寿司だって、避難民は毎日、行政から送られて来るおにぎりとパンばっかり食べてるから、いなり寿司とかそういう物が食事の変化球になる。いくら食事をした後でお腹いっぱいでも、被災者の気持ちになると食べたいんですよ」

千葉は、何ヵ所かに電話を入れていた。しばらくすると、車で約三十分ほどの女川町から、車で一時間はかかる北上町から、それぞれいなり寿司を引き取りに、各地区で千葉と親交のある人がやってきた。それでも、残っていたいなり寿司を、今度は車で五分ほど行ったところの指定避難所となっている小学校に持って行った。千葉の言った通り、段ボール箱に入ったいなり寿司は、またたく間に避難民の手に渡っていった。

結局、二時間で八百食のいなり寿司はすべて搬出された。

「被災地に物資を送ったり持ってきたりしてくれる方っていうのは、被災地のためになんとかしたいという思いで来るわけでしょ。うちで断らないのは、そういうありがたい申し出を本当に必要としてる困っている人がいるし、それこそここが最後の砦くらいに思ってるから。色んなところにお伺いを立てたけど、どうしようもできない、明友館さんどうしたらいいんですかって話はよくあるよ。うちにはそれを何とかするくらいのつながりがある。もう困ってるところだらけですよ。生活が楽になりましたからもういいですっていう情報は入って来ないですからね」

千葉の携帯電話が鳴りやまない理由がよくわかる。これまでに明友館を訪れた人の数は、もはや数えることはできない。送られた救援物資も数限りない。明友館では、訪れた人や思いの詰まった物資をただ被災者に届けるだけでなく、それを送ってくれた人にもわかるように発信している。四月下旬にはインターネットの環境を整え、四月二十一日には、「石巻　明友館」のホームページを立ち上げて、支援活動の様子を写真付きで発信しているのである。そこには、物資を送ってくれた人の名前も掲載されている。自分が送ったモノが本当に被災地のために、被災者の手に渡っていることを確認できるのである。

六月ごろからは、明友館に寝泊まりする外国人が少しずつ増えていった。彼らはみなボランティアだ。実は、彼ら外国人ボランティアにとっても明友館は最後の砦だったのだ。被災自治体にもよるが、石巻では五月中旬ごろには、石巻専修大学に設置された社会福祉協議会のボランティアセンターでは個人ボランティアが、「間に合っている」として断られるケースがあった。五月半ばといえば、いくらでも人手は必要だった。

被災地のためにと思って現地入りしたはいいが、やることがないと言われてしまったボランティアが最後に頼ったのが明友館だった。特に明友館の避難民が、仮設住宅へ引っ越したり、自宅一階の補修工事を終えて家に戻り、二階の部屋にスペースが空いてくると、外国から来たボランティアが明友館に寝泊まりすることが多くなった。外国人ボランティアが明友館を頼る理由があると、千葉は言う。

「うちによく来て、物資の運搬を手伝ってくれたり、津波で一階をやられてしまったお宅の泥かきもやってくれるディーンっていうイギリス人のボランティアがいるんだけど、最初は湊小学校をベースに活動をしてた。湊小学校にはチーム神戸っていうボランティア団体が常駐していて、金田真須美さんっていう凄腕《すごうで》の女性が取り仕切ってて、石巻の避難所で被災地のために積極的に支援活動できてるのは、明友館と湊小学校かっていうぐらいやり手の方がいる。ただ、金田さんはしっかりしたタイプの方で、逆に外国人って自由で、しかもプライドもある。だから、日本では当たり前の、上からトップダウンで、『あなたはこれやって、生活はこうしなさい』っていうのが馴染まない。その点、うちはもうお任せだから、彼らに。何時に起きようが構わないしさ。それで、こっちに移ってきた。ボランティアに行くときは、ここから作業を貫いに湊小学校に行ってるよ」

イギリス人のディーン・ニューコムは、日本でCMや雑誌のモデルをしている。背が高く、とても整った顔立ちである。彼は自らの被災地での活動を、ホームページやフェイスブックで紹介している。その活動に共感した外国人が、必然的に明友館にやってくるようになったのだ。なかには、ディーンと会ったことも、話したこともない外国人も多い。

ディーンには、お気に入りの白いTシャツがある。胸に、「I♥NY」と描かれたポピュラーなロゴ入りTシャツだ。彼が初めて明友館に来たとき、千葉に貰ったのだ。彼は忙しい仕事の合間を縫って石巻に来ては、泥出し作業や、子供施設への支援活動、さらには交通の便が悪いことから物資の不足が起きている牡鹿半島の先まで物資を届けている。

八月にディーンが明友館に来たときにも、彼はこのTシャツを着ていた。胸のロゴを見ると、彼が一生懸命に書いたのであろう、つたない文字で、

「I♥NY　と日本」

と書き加えられていた。この一枚には彼の誇りと熱い思いが染みついている。

子供施設への重点支援

倉庫番として、明友館の住人となった後藤には、千葉が受けた物資要請や物資搬入のオーダーが次々と飛んでくる。後藤は、それをすかさずメモに書き留める。四月下旬に後藤が記録したメモ書きを見てみると、いかに活発に物資を届けていたかが見えてくる。

縦長のメモ用紙には、日付や品目、個数、目的地などが走り書きされている。後藤がメモに書かれた数字や地名から、ある一日の様子を語ってくれた。

「四月二十一日、大曲幼稚園に避難車とある。この日は朝から、大原社長（まるごみ船橋実行委員長）とオレと、さとちゃん（大江智、松本敬子の息子で明友館の住人）、あとは千葉から応援に来たボランティアの四人で、大曲幼稚園に行った。避難車っていう、園児

を乗せる柵のついた台車を届けてる。幼稚園も津波を経験してるから、この次に何かあったときに子供を逃がすために避難車が欲しいってニーズがあった。大原社長にそれを伝えたら、すぐに作って持ってきてくれたんだよね。このときは他に画用紙ワンセットも届けてる。当時は紙が貴重でね、子供がお絵描きする画用紙は圧倒的に不足してたからね。大曲幼稚園に行った後、赤井北保育所っていう、石巻の隣の東松島市にある保育所にも行ってる。ここでは、バナナ、リンゴ、冷却ジェルシート、ラップ、アルミホイル、画用紙ワンセットを降ろしてる。午後には鳴瀬地区センターっていう、東松島市の鳴瀬地区の拠点に幼稚園バッグ七十個、次に矢本西にも幼稚園バッグ七十個、最後に石巻に戻ってみづほ幼稚園で幼稚園バッグ百三十個、それぞれにお菓子と画用紙もセットで置いてきてる。この日は子供施設五ヵ所回って、一日終わりだね」

多いときでは、一日に七ヵ所を回ることもあったという。

四月末というと、被災地への復興支援や、物資運搬、ボランティアや被災地見学などで市内の道路は常に混雑していた。特に石巻は仙台から近く三陸道を降りてすぐということもあり、混雑は特にひどかった。通常ならば一時間で往復できる距離を半日かけて移動、途中で明友館に戻り物資を積み直している。

明友館では、四月に入ったあたりから子供施設への支援活動に力を入れるようになっている。当時、物資の配達をメインでやっていた佐々木に聞いた。

「これはリーダーの考えなんですけど、いまから大きくなって日本を支えてくれるのは子供だから、子供たちを何とか支援したいということで、幼稚園と保育所への支援に力を入れてました。私立であれば、行政が運営する公立に比べて垣根も低いのではないかということで、私立を中心に支援するようになるんです」

佐々木は、幼稚園の支援活動に初めて行ったときのことを話してくれた。

「最初は蛇田地区の幼稚園に行ったんです。でも、蛇田は被害が少なかったこともあって父兄が協力して園児の足りない物はカバーしてました。そしたら副園長先生がみづほ第二幼稚園の佐藤順子先生を紹介してくれるということで、一緒に来てくれたんです」

みづほ幼稚園で佐々木は、明友館の活動を熱心に伝えた。自分たちが不動町の避難所で生活する避難民であること、活動をサポートしてくれる団体や個人が数多くいて、物資も豊富にあること。幼稚園で足りない物資も、支援者にお願いすれば持ってきてくれるであろうことを語った。佐々木の話を聞き終えた順子先生は、明友館の活動に感動し、涙を浮かべていたという。その後、佐々木は順子先生から震災の日のことを聞いた――。

みづほ第二幼稚園は、石巻でも被害の大きかった新館地区の海岸寄り、石巻工業港の海岸線からわずか二百メートルの場所にある。鉄筋コンクリートの二階建ての園舎の前にはアンパンマンの絵が描かれた黄色い幼稚園バスがいつも停まっていた。津波で流されてしまったこのバスは、子供たちからも先生からも愛されていた。園庭から海方面を眺めても、用水路を挟んだ五十メートル先に、海と平行して走る臨港街道が二〜三メートルの高さにあるため視界を遮られて海は見えない。

三月十一日の地震発生当時、園内には預かり保育で残っていた園児がいた。数人は父兄が引き取りにきたが、園児十二人と、子供を迎えに来ていた父兄一人、職員十一人は、幼稚園の二階の海に面した三十畳ほどの部屋で緊急津波警報を聞いていた。すでに、幼稚園と海岸線の間を海と平行して走る臨港道路と、海と垂直に三陸道河南インターチェンジ方面に通じる道路は渋滞に見舞われていた。幼稚園バスでの避難を断念せざるを得なかった。津波は二階まで押し寄せてくるかもしれない。最悪の事態を想定して、園舎の屋根に上るために、大人の胸の高さほどの脚立を用意した。

津波が来た。順子先生が二階から見たとき津波は、海岸線から臨港道路を越えて、そこにあった渋滞の列を飲み込みながら、みづほ幼稚園に突進してきた。それからは必死だった。とにかく、子供たちを助けなければ、その思いしかなかった。

「園児たちを廊下の窓から、外のボイラー室の屋根に下ろして、そこから脚立をまっすぐ伸ばして園舎の屋根まで子供たちを上げたんです。あんな高いところまで、子供たちもよく頑張ってくれたんです」

ボイラー室の屋根から園舎の屋上までは三メートル以上ある。細い脚立を伝って、園児たちはひとりひとり登った。屋上に二十四人、全員が登り終えたとき、津波はすでに二階の床まで迫っていた。

雪が降る屋上で、波が引いたときに二階から引き上げたテーブルとエバーマットで風除けを作り、体育用のマットを屋根代わりにして、みんなで身を寄せ合って夜を明かした。翌朝、海上保安庁のボートで全員が救出され、沖合にいた自衛隊の護衛艦に保護された。

幼稚園の周りには住宅が並び、隣にはお寺もあったが津波ですべて流されてしまった。

いつもきれいにされていた園庭には、瓦礫を取り除いた後も黒い泥が堆積している。ぽつんと残された園舎の二階に上ると、白い壁には津波が押し寄せた茶色い線が残っていた。その高さは床から二メートルほどもあった。

みづほ第二幼稚園の園児と職員は、私立の同じ系列のみづほ第一幼稚園に移っている。順子先生もみづほ第一幼稚園で子供たちの世話をしている。

「去年三歳児だった子供たちが、いまは第一幼稚園で楽しく元気に過ごしてるんですけど、『先生、第二幼稚園にいつになったら帰れるの？』って何人かに聞かれるんです。みんな第一幼稚園に移ってきて、元気に遊んでて、新しい友達もできて仲良くしてるのに、そういうこと考えてんだなって。こんな小さいのに。そう思うと、辛くなるし、悲しくなるし、どうしてあげたらいいんだろうって……。何にも言えなくて」

順子先生としては、第二幼稚園を再開させたい。しかし、津波が押し寄せた海岸に近いこの場所で、幼稚園を開くことができるのかどうか。それ以前にお金の問題もある。私立であるため園舎の建て替え費用、もしくは、別の場所で再開するとしてもお金がかかる。

「子供とか保護者に対しても不甲斐ない気持ちでいっぱいだし、なんかあると明友館の千葉さんに落ち込みメールを出すんです。その返信を第二幼稚園の先生たちみんなに転送して、みんなで頑張ってきた」

メールには、こんな言葉が刻まれていた。

「いまやれることをやりましょう」

「子供たちの笑顔が見られれば最高だ」

「とにかく前を向いて」

七月二十七日、みづほ第二幼稚園には朝早くから順子先生と、第二幼稚園で働いていた三人の先生、それから幼稚園バスの運転手さんが集まっていた。みんな、震災後にみづほ第二幼稚園のために力を貸してくれた人たちへ、何かお礼をしたいと考えていた。千葉に相談して、物資として送られてきた色とりどりの風船を貰い、何十個も膨らまして海の方を向いた二階のベランダの手すりに飾り付けた。その風船で彩られた手すりからは、シーツや肌かけなどを縫って継ぎ足した畳六畳分ほどの白い布が下ろされた。そこには、大きく咲いた三つのひまわりと虹の絵が描かれ、真ん中には大きな文字で、

「ありがとう　前へ」

と書かれていた。順子先生は、みづほ第二幼稚園がいつか再開することを信じている。千葉も、その思いを共有している。

「みづほにはさ、いつか園舎をあげたいんだよね。いくらかかるかわかんねえけど、オレは全然、諦めてないよ」

つながる支援の道

もともと全国に幅広い人脈のあった千葉だが、今回の震災をきっかけにしてつながった仲間も多い。ボランティアとして、物資運搬など明友館の活動をサポートしてくれる仲間、被災地の要望に応えて物資を送ってくれる仲間、そして、明友館と同じく地元のために活動している被災者の仲間がいる。そのうちのひとりに、岩手県陸前高田市の黄川田信幸がいる。黄川田と千葉は、震災直後からメールと電話で物資のやり取りなどの連絡を取り合っている。千葉は黄川田のことを「ノブくん」、黄川田は千葉のことを「千葉ちゃん」と、お互い親しみを込めて呼んでいる。

千葉が黄川田と知り合ったのは、震災後である。千葉の二十年来の仲間で仙台に住む福田修を通して黄川田と連絡を取るようになった。福田は、ＰＨＡＮＴＯＭ ＧＡＴＥの成田から指令を受けて、被災地支援をする仙台支部を任されている。黄川田は、千葉からの物資提供を受けている。

「千葉ちゃんといろいろ話してたら、彼がいる明友館も避難所だって言うんだよ。避難所なのに、他に物資を持って行っていいのって聞いたら、『そんなの関係ないから。困ってるのはみんな一緒だから』って。それ以来、明友館にはお世話になりっぱなしで。こっちからは何にもできないから」

一方の千葉も、黄川田の活動に強く共感していた。

「ノブくんは、震災当初から『自立してやっていきたい』ということで、何でもかんでも貰うということはしたくないという思いがあったみたい。だから、ノブくんから物資の要請が入るってことは、それを口に出して言うってことは、それが本当に必要なんだとこちらでは判断するので、すぐにまとめて出してました」

黄川田が千葉に物資要請をした物には、小学生や中学生が、避難所の消灯後にも勉強できるようにするための卓上ライトがあった。

「ノブくんには、一番弱い立場の子供は震災を乗り越えて次の時代を作っていくのだから、子供たちの生活をちゃんとしたいって思いがあるようだったので、卓上ライトを七十人分、全国に声をかけて確保したり。あとは、仕事を再開したいんだけど電気が復旧してなくて始められない人がいて、どうしても発電機が欲しいとか。ノブくんは、着る物が欲しいとか、食べる物が欲しいとか、自分たちで努力してやれそうなことは自分たちでする。そこが他の被災地のリーダーとは違っていたよね」

震災直後からお互いの状況を話し合い、助け合ってきたふたりだったが、直接会う機会はなかった。というより、それぞれ自分の避難所を離れるわけにはいかなかったのである。ふたりが初めて会えたのは、震災からそろそろ五ヵ月が経とうとしていたときだった。

明友館の強力なサポーターである成田は、物資の支援だけではなく毎月末にハーレー仲間に号令をかけて、六十人から七十人のいかつい男たちを集めて、被災地で瓦礫撤去や側溝の泥かきなどのボランティア活動を行っている。

七月三十一日にも陸前高田市でこのボランティア活動をするということで、成田率いるハーレー仲間は前日の三十日にいったん、石巻の明友館へ立ち寄った。

千葉は、震災以来、明友館からほとんど離れずに活動をしてきた。突然の物資要請や、飛び込みのボランティアも多く、どうしても一日以上、明友館を空けることができなかったからだ。それも七月下旬になり、明友館の支援活動もある程度のシステムが出来上がったことで、少しずつだが自由がきくようになっていた。

七月三十日、成田たちに同行して、千葉は一泊二日の予定で陸前高田へと向かった。いかつい男たちと救援物資を大量に乗せて十台ほどに膨らんだ車列は、石巻を出て北上し、途中でいったん、西に逸れてリアス式海岸沿いを走る国道四十五号線で再び北上した。国道四十五号線沿いには、津波で甚大な被害を受けた町が続く。南三陸町の志津川、歌津、気仙沼……。

千葉にとっては、震災以前に幾度となく通った道だったが、そこにかつて見た美しい景色はなかった。南三陸町で車を降りた千葉は、ぽつりとこう呟《つぶや》いた。

「本当に何にもなくなってしまったな」

途中、何度か自主避難している集落で物資を降ろし、陸前高田の宿営地でもある小高い丘の上にある地元の集会場に到着したのはすでに日が暮れかかったころだった。ハーレー乗りの男たちは、翌日の重労働を前に屋外で投光機の明かりが照らすなかバーベキューをしながら、現地でボランティアを受け入れている地元の代表者などと被災地について話したり、仲間同士の旧交を深めていた。

黄川田が到着したのは、七時をすでにまわったころだった。投光機を照らす発電機がブーンと唸《うな》りをあげ、ハーレー乗りたちの話し声がざわめきとなって周囲の林を揺らすなか、震災から、およそ五ヵ月の間、被災者として、互いに励まし合いながらやってきた千葉と黄川田は、お互いの姿を確認すると固く長い握手を交わした。黄川田は、溢れる涙をこらえることをせずに、

「千葉ちゃん、ありがとう」

と、繰り返していた。

千葉は、その涙を見とめながら、

「オレの今回の目的はノブくんと会うことだから、もう帰ってもいいぐらいだよ」

と笑った。ふたりは、しばらくそのままこれまでのこと、これからのことを熱く話しあった。ただ、その間、千葉は涙を流すことはなかった。

「オレもね、思わずグッときたよ。それをグッと下げてっていうのを何度も繰り返してた。まだまだ、この闘いっていうのは長いから、あそこでグッときてポロポロっていうのは、もうひと安心しないとできないね。オレそういう性格なんですよ。はっはっは」

父親が亡くなったときもそうだった。長男として家のことを片付けるのに必死で、父親のために、自分のために泣くまでに半年がかかった。

震災を機につながったのは、黄川田だけではない。岩手・宮城・福島の三県にまたがる被災地には、何人もの仲間がいる。その仲間をつなぐ支援の道は、被災地を飛び出し、日本全国、そして世界にもつながっている。

第五章　奇跡の避難所

火の番人

震災から五ヵ月、被災地は夏の盛りを迎えていた。街のいたるところに山積みにされていた瓦礫も大部分が中間処理場に運ばれていった。震災から五ヵ月での全棟完成を目指していた仮設住宅の建設は、石巻市では達成率およそ六割程度と大幅に遅れてはいたものの、新たな生活の場として被災者を受け入れていた。

明友館の避難民も六月ごろから仮設住宅や賃貸住宅へ移ったり、津波で床上までヘドロに埋もれていた一階部分のリフォームを終えて自宅へ戻っており、八月の半ばに残っていたのは十一世帯、十七人になっていた。人数が減ったとはいえ、明友館は相変わらず活気に溢れていた。支援物資はひっきりなしに届き、訪ねて来るボランティアも多く、五月ごろまでの切迫した慌ただしさはないものの、支援の拠点としての様相を色濃くしていた。

そんななか、八月七日の日曜日に明友館で夏祭りが開かれた。昼間の暑さが徐々に和らいできた夕方五時過ぎ、明友館の玄関前には焼きそば、焼きとり、フランクフルト、ビール、それにわたあめの屋台が所狭しと並んだ。すべて、千葉県から来たボランティア団体

「とどけようｆｒｏｍ千葉（とど千葉）」が無料提供したものである。

この日は、過酷な避難生活を互いに助け合った不動町の住民たちが久しぶりに顔を合わせた。それぞれにうれしそうな笑顔を浮かべ、互いの近況を話しているのだが、子供からお年寄りまで、集まった七十人近い住民たちは誰とでも隔てなく話していた。そこには、近所付き合いを越えた強いつながりがあるように見えた。

焼きそばやビールを片手に話している元避難民の間を、白いニコンのコンパクトデジカメで写真を撮りながら歩く人がいた。みんなからは、「じぃ、久しぶり！　元気？」と声を掛けられ、その返事代わりとでもいわんばかりに笑顔でシャッターを切っていた。櫻井君雄、数年前に定年を迎え、震災前は不動町二丁目の川沿いに建つアパートの一階でひとり暮らしをしていた。明友館では、男たちが集まる前線基地「談話室」の右奥の窓際が櫻井の定位置だった。ごま塩頭を短く刈り込み、猫背気味の背中を丸めてパイプ椅子に座る姿は、震災直後には「火守りのじぃ」として頼もしい存在だった。

地震が発生したとき、港近くのパチンコ屋にいた櫻井は、一度目の揺れが収まるや自らの自転車を駆って明友館の裏手にある標高二百メートルにも満たない葛和田山に避難した。

「自分の他にも十数人いてな。水が引くまでの二日間をそこで過ごした」

その二日間を櫻井は、避難してきた人が寒空の下で凍えないようにと薪を拾ってきては、燃やし続け、昼も夜も決して火を絶やさなかった。

「途中で一度、若い奴に火を見ててくれって任せたんだけども、薪をぼんぼん入れちまって全部燃やした挙句、寝ちまって火を消しちまったんだ。おめーら何やってんだ！って叱ったんだよ。それからは、またオレが薪を拾ってきて燃やして寝ずの番をしたんだ」

震災から三日目に明友館に避難してきた櫻井は、明友館でも火守りとなる。明友館一階の談話室には、震災直後に物資として入ってきた薪をくべるストーブがあった。部屋の右隅に置かれた薪ストーブは、扱いが難しくタクシー運転手の佐々木も何度も失敗していた。

「オレがやっても、煙がもうもうと出る。でも、じぃは薪ストーブ扱うのがうまくて煙たくならない。だから、いつも火の番をしてましたよ。寒かったし、大活躍でしたね」

若いころに奥さんを亡くし、それからずっとひとり暮らしを続けてきた櫻井にとって、明友館は大きな家族のようだったのかもしれない。震災後の七月に買ったデジタルカメラで、櫻井は夏祭りで久しぶりに明友館に戻ってきた避難民たちの笑顔を写真に収めていた。

「これはどっかに持って行けば、プリントできっちゃ？　明友館を出るときには、みんなに写真をやりてえなと思ってんだ」

倉庫の番人

千葉の高校時代の一学年後輩だった「ギャンさん」こと後藤淳は、糸数と同じく、不動町の住民ではない。それでも、明友館で寝泊まりして一緒に活動することを決意した。

「三月十九日に初めて明友館に来たときには、もうこのムードになってたからね。自分の兄貴分のことをやっぱすげーなって思った。老若男女、いろんな人が集まってる混成集団をまとめるのは難しいよ。それができたのは、やっぱ笑いだっちゃ。人を喜ばせるってことだっちゃ。人それぞれ家なくなって、車も仕事もなくなって、家族も亡くしちまって。でも、そこで笑いだっちゃ。下向いてるより笑ってる方が百倍いいよ。リーダーだって妹を亡くしてる。俺的にはものすごい切ないよ。かわいがってた下の妹が亡くなっちまったんだから。それでもやっぱり、人を笑わせ続けたからみんなまとまったんでねえかな。痛みのわかる人だっていうのが伝わるじゃゃん。何の痛みもわかんねえ奴がへらへらしてたら伝わらないけど、みんなリーダーの妹さんのことわかってるわけだからね」

後藤は震災直後から千葉の安否確認をしていたが、約一週間、連絡はつかなかった。

「ダメかもしんねえって思ったよ。でも、三月十八日にリーダーからメールが来た」

メールは、十八日の二十時十八分に届いている。

〈実家向かえで百名強の避難民の命を預かって奮闘中 実家の復興、会社は後回し 家族で不明は敦子 その他は親戚、知人宅へ ドラムをヨロシク〉

このときすでに千葉は、避難民の命を預かる覚悟を決めている。文末の「ドラム」とは、千葉が好む紙巻きたばこの銘柄である。

この連絡を機に、後藤は仙台での仕事の終業後や、休みを利用して明友館に通い、最終的には四月十三日に会社を辞め、翌日から明友館で寝泊まりするようになる。

「明友館は、みんな自分の持ってる技術や経験を全部活用して、フルスキルで動いてた。松本兄ぃは電気を復旧するために、発電機からケーブルをつなぎまくって明友館に明かりを戻したし、敬子ねえさんも朝起きてからずっと食事を作ってた」

談話室を除く一階の物資庫は、タクシー運転手の佐々木洋や、ダンプ運転手の高橋公夫、日本製紙の下請け会社で働く大江智が中心となり整理していた。三月中といえば、まだ明友館そのものが被災の跡を色濃く残していた時期である。瓦礫の撤去や泥かき作業を進めながら、毎日のように大量に届けられる圧倒的な物量の救援物資と格闘していたのだ。

彼ら倉庫の番人も四月に入ると、徐々に復旧しだした仕事へと戻っていった。その穴を埋めるべく、後藤が明友館の倉庫番としてやってきたのである。

「オレは倉庫管理の経験もあったから、倉庫をなんとかしねえとなと思ったね。倉庫内に通路を作って、大きくモノを動かさねえとダメだって。だから、毎日仕分けしたよ」

震災をきっかけにして明友館に集まった人々、千葉との古くからの付き合いで明友館をサポートする人々のことを後藤はこんな思いで見ていた。

「今回も色んないい人と知り合えたし、それこそ二十代で知り合った成田君なんて、ものすごい人だからね。でも、若いときからオレとかリーダーは『引き寄せの法則』って勝手に言っててそれが正しいかどうか知らないけど、良いモノは良いモノを、悪いモノは悪いモノを引き寄せるはずだと。お前に悪いことばっかりあるのは、お前が悪いモノを引き寄せてるんだと。見てみろあいつを、あんなにハッピーで楽しそうなのは、あいつが良いモノばっかり引き寄せてるからで、そのためには自分が良いモノでなきゃいけねえって」明るい友の館、その名前にすら何か強力な「引き寄せの法則」を感じてしまうのである。

班長

唯一のルールを震災三日目に発表し、「人間らしい生活をしましょう」と避難民に話した糸数。彼は班長という立場から、避難民が目指すべき「日常」について考えていた。

「僕も最初のころは、例えばみんなで泥かきしてるのに、手伝わないでボーッと座ってる人がいると、みんなやってんのになんで手伝わねえんだって思ってました。でも、リーダーに、『そういう奴は言ったってやらねえよ。ずっとそうなんだから。だからいちいちそんなこと気にするな』って言われて、そうかもしんねえなって。それとか、夜中にトイレに何度も行くおじいさんがいて、やっぱりトイレに立たれるとこっちも起きてしまう。寝る前にそんなに水を飲まなきゃいいのにって思ってたんですけど、よくよく聞いたら、一度、脳梗塞を起こしていて水分をたくさん摂らなきゃいけないんですね。当然、夜中に何回もトイレに行くことになる。で、実はそういう身体的な問題があるとかないとかは関係なくて、どれもその人の日常なんですよね。人によってはいつも寝る時間が夜中十二時かもしれない。そしたら、消灯時間を決めて寝てくださいと言っても、その人は十二時に寝ればいい。もちろん、人に重大な迷惑をかけたり、子供が仕事の邪魔をすれば、やっぱり言わなければならないと思います。でもそれ以外の多くは、その人の日常なんですよ」

そうした日常を集団生活という枠でガチガチにルール付けすると、非日常となっていく。

「だから、明友館ではベタベタとこれしなさいって紙を貼ることもしない。紙を貼っても多分できない人もいるだろうから、しょうがない。だから、文句言わないでやれる人がやったらいいんじゃないのってオレは思います。だから、すごい不満に思ってる人ももしかしたらいるかもしれないけれども、気になったら自分でやるのが正解だと思います」

明友館の支援活動を常に千葉の隣にいてサポートし、言動をつぶさに見てきた糸数は、改めて千葉がやり続けている活動に敬意を表していた。

「リーダーが本当にすごいと思うのが、この支援活動をしても結局、誰からも感謝されないってことを承知のうえでやっているところですね。すでに十分な成果は上がってるとは思いますけど、でも最終的には支援を受けた人にとってみれば、『避難所から貰った』ってぐらいの感覚だと思いますよ。そこら辺もリーダーはわかってる。だからこそ、誰かに感謝されたり、評価されるためにやっていないのがすごいと思います」

自宅は全壊し自ら被災者となったことで、糸数は「感動」について深く考えていた。

「人が何かに感動して泣いたりするのって、本当に心を動かしているんじゃなくて、実はただ単にそれまでの学習によって成り立ってるんじゃないかって思うんです。例えば、東京にいる人が、何万人という規模で募金をしたり、物資を送ったりしてますけど、やっぱり直に見たり話してみないと、被災した人の気持ちなんて絶対わかんないと思う。家族や友達とか、本当に近い人が死んだり、つらい思いをしてるのを助けたいって思いが、その人の心が動くってことで、全然知らない人に対してそういう思いは抱けない。だから、よそから来る人には被災地の現状を見て欲しいし、少しでも知り合いになって、『この人ってこんな大変なことになってるんだ、じゃあ助けよう』って形にならないと前に進まないし、なかなか続かないと思います。これは僕自身もそうだと思います。やっぱり人って、会話したときに、対峙《たいじ》したときにその人の気持ちってわかるんだなって改めて思います」

第六章　明友館に集う人々

ＰＨＡＮＴＯＭ ＧＡＴＥ代表　成田智浩

仙台出身の成田智浩は、震災直後から支援の態勢を整え、当初は仙台から気仙沼まで、その後は陸前高田まで範囲を広げて支援を続けている。成田は当初から、石巻は千葉に任せようと決めていた。

「千葉ちゃんだったら物資を降ろしても独り占めしないで、分けてあげてくれるだろうとは思っていました。最悪、明友館にいる百三十六人だけでもどうにかなってくればいいなと。あそこは避難所に指定されてないから、物資が届かなかったんですからね」

二十代のころから深く付き合ってきた成田にとって、千葉が明友館での活動をすることには何の疑問も抱かなかった。

「昔から千葉ちゃんの周りには人が集まってくるんですけど、千葉ちゃんは一匹狼っていうか孤高でしたね。泣きごとは言わないし、オレも千葉ちゃんもプライドだけで生きてる人間なんで、言ったことはやってきた。今回も千葉ちゃんが支援活動をしてることに、不思議と思う奴はいるかもしれないけど、オレは全然そう思わないですね。彼の優しさはどこまでも優しい。ただ、表現が不器用なだけで、根っこはすごい優しい人間なんで。それはハタチのころから一気に付き合いが深くなったときに、生意気な言い方ですけど信頼に足る人間だって思ったんです。じゃなければ、物資を降ろしてなかったですよ。独り占めする奴だってわかってれば、彼ひとり分だけ降ろしてた。だから、オレが最初、気仙沼にばっかり行ってて石巻に行けなかったときも、新潟の志門には千葉ちゃんの言うことを聞いて動いてくれって言えたんです」

成田が震災後に千葉と会ったのは、一ヵ月半が過ぎたころだった。それまで、お互いに脇目も振らずに困っている人のために動いていたからだ。

「千葉ちゃんに初めて会いに行ったときのことを思い出すと、いまだに泣きそうになるんですけど、千葉ちゃんの妹が亡くなったってことは聞いてました。会う前にも電話では何度も話してましたけど、電話で聞くことじゃないんで会ったら聞こうとは思ってたんです。それで、四月末に直接会ったときに千葉ちゃんに『そういえばさあ』って、タイミングを見て言ったら、千葉ちゃんがオレの表情で察して、『違うんだよ成田君、死んだ人間じゃなくて、大事なのはいま生きてる人間なんだよ』って。泣きそうになりました、本当に。

頑張ってんなと思って。自分の身内がそうなったときに、そんなこと言えたかなって」

㈱日本都市・代表取締役兼マハラジャ六本木・オーナー　大原俊弘

震災から約二週間後の三月二十四日に石巻入りし、以来、明友館に大量の物資を供給するサポーターとなったNPO法人のボランティア団体『まるごみJAPAN』。三月二十八日には、四トントラック二台に野菜と生活物資を満載して運び、その圧倒的な物量で糸数をおののかせた、あの団体である。まるごみは、「日本まるごとゴミ拾い」を掲げ、千葉県を中心に地道なゴミ拾い活動を続けている団体である。明友館への支援活動の中心となった人物は、まるごみの全権代表でbayfmに自身の番組を持つDJ KOUSAKU（四十四歳）と、まるごみ船橋の実行委員長の大原俊弘（四十二歳）だ。

大原は、船橋市で建設会社の社長として七十一人の従業員を束ね、経営の腕を振るう一方、六本木のディスコ『マハラジャ』のオーナーとしての顔も持つ。大原に明友館へ救援活動をすることになったきっかけから、千葉や糸数との関わり、そして彼自身が抱えているという支援活動へのジレンマについても語ってもらった。

三月二十四日に明友館へ物資を運ぶ以前から、千葉県旭市や浦安市、福島県などの被災地への救援活動は行っていた。

「震災の翌日から、千葉県内での救援活動はしていたんです。そんななかで、宮城県の石巻が大変だという話が、DJ KOUSAKUの仲間で宮城県出身の俳優、山寺宏一さんから伝わってきたんです。なんでも、石巻の明友館というところが物資がなく孤立していると。うちの会社は道路工事関係の仕事をしていて、ダンプカーを持っていましたから、ダンプに荷物を積んでKOUSAKUとふたりで二十四日の早朝に出発しました」

それまでにも、千葉県旭市で津波被害に遭った地区は見てきた。福島県郡山市では、約二千人が避難していたビックパレットで避難所の現実も見てきたはずだった。ところが、石巻で目にしたのは、テレビから流れてくる映像が被災地の現状をまるで映し切れていないと思うほどに悲惨な状況だった。

「テレビではあまり映してなかったですけど、市街地の道路には、服も着替えられず、泥と埃にまみれ疲れ果てた人たちがたくさん歩いてました。それに、海と川底から上がってきたヘドロが二十センチ以上も堆積していて臭いもひどかったし、ダンプでなければ通ることもできませんでした。明友館も一階はヘドロが積もっていて臭いし、水も使えない。正直、本当に避難所なのかと思ったほどです。避難している人たちもウェルカムという感じではなく、むしろピリピリしてました。そのとき、思ったのは、もし自分たちが被災して、知らない人たちが荷物を持ってきても警戒しますよね。だいいち、明友館にはテレビもなかったんで、原発のこともほとんど知らなかったし、それこそ明友館の周り以外の被災状況もよくわかってませんでしたからね」

大原が、警戒心を抱かれつつも明友館への支援を続けようと思ったのにはふたつの理由があった。ひとつ目は、明友館の困窮ぶりと奮闘する姿だった。まるごみでは当初、明友館の他に、震災直後に立ち上がったあるボランティア団体へも物資を運ぶ計画でいた。

「明友館で荷物を降ろした後、そのボランティア団体が本部を置いていた石巻専修大学に行くために、道案内として糸数ちゃんをダンプに乗せて向かいました。そしたら、専修大学には物資が山のように積まれていたんですよ。こんなところに降ろしても、すぐに被災者の手に届かないんじゃしょうがないということで、必要な物だけ降ろして、残りは明友館に持って行ったんです。明友館は頑張ってましたからね。学校とか行政や組織の大きなボランティア団体が運営している避難所では、行政との情報のやり取りもありますから、わりと物資は多かったように思います。でも、そのころの明友館は千葉ちゃんの外部への発信がされた当初だったんで、物資は少なかったですし、そもそも避難所扱いされてないから行政からの物資もほとんど届いてませんでした。本当によくやったなと思います。本当に奇跡だと思いますよ。千葉ちゃんの顔がなかったら、こういう形にはなってなかっただろうし、あそこに避難した人たちは生き残れたかわからないというぐらいの感じですよ」

大原が明友館への支援を決めたもうひとつの理由は、言葉にしづらいことだという。

「あえて言うなら、千葉ちゃんとか糸数ちゃんとかの人間性ですかね。最初のときなんて、話はほとんどしてないんです。頑張りましょうとか、その程度。ただ、心が通じるというか、人に対しての好き嫌いでしたよね。千葉ちゃんのことは一発で好きになったし、糸数ちゃんにはとにかく助けてやらなきゃっていう思いが強く残りましたね」

明友館を訪れた人の千葉に対する印象は、被災地の状況を語りつつも、人を笑わせることを忘れないユーモラスな人柄というものだろうが、震災直後の様子はまったく違っていたと大原は言う。

「僕のブログとかを見るとわかりますが、最初の千葉ちゃんとひと月後の千葉ちゃんは、顔つきが全然違いますよ。とっぽい感じの表情は、ひと月ぐらい経って意識してつくった顔という感じですよ。最初に会ったころは、『オレが何とかしなきゃならないんだ』っていう鬼気迫る表情でしたからね」

大原は、一度目の訪問から間をおかず明友館に向かっている。二十八日には四トントラック二台に野菜、防寒着や靴などの生活必需品、他にも二階で寝起きしている避難民の寒さを減らすために、床に敷く断熱材を大量に持って行った。その後も、食料や生活物資をはじめ、幼稚園や保育園に画用紙や通園バッグ、園児用の小さなイスなどの物資を満載し、数ヵ月にわたり頻繁に船橋と石巻を往復した。

「被災地で僕が感じたのは、物資を持って行っても全員分が集まらないと配らないという平等の名のもとに必要な物を配らないという現実でした。でも、千葉ちゃんたちは『あるものみんな持って行って』ということを最初からやっていた。『なくなったら補充するからいいよ』という感覚ですね。ある意味、明友館は不平等をやっていたかもしれない。けど、その不平等が、有事の際には平等だったりするんです」

明友館では、大原が持って行く物資はどんな物でも受け入れていた。そのことが、支援をする側を〝救う〟ことになったと大原は言う。

「うちのホームページやメールで物資を募集していましたが、震災からしばらくしたら行政が受け取る物資に制限を設けるようになりました。うちでは制限などかけていませんでしたから、様々な物資が届きました。その内容を千葉ちゃんに話すと、千葉ちゃんが上手く振り分けてくれたという感じでした。どっちが支援されているのかわからないというか、支援したい側も自分たちが使わなくなった物とかも持ってくるから、被災地で欲してる物とは違ってるんです。でも、それを千葉ちゃんは『いいよ、持ってきてくれればなんとかするから』って。そうすることで支援する側、もちろん善意ですが、そういう人たちも気持ちがいいじゃないですか。千葉ちゃんの『いいよ』ってひと言で何人の支援者が救われたか。計り知れないですよ」

大原自身は自らの支援活動について、「苦しさから解放されたかった」と語る。

「船橋とか、六本木のマハラジャで支援金とか物資を集めて被災地に持って行くって言うと、ヒーローですよ。でもね、明友館に行くと、僕が持って行った物なんてほんのごく一部でしかない。それこそ、石巻全体だったり被災地全体からすれば、ものの数にも入らない。もっと自分に政治的な力があったり、資金力があれば、もっともっと助けてあげられたのに。でも、地元に帰ったらヒーロー扱いされる。僕自身には苦しい支援活動というか、自分のちっぽけな人間性にすごく苦しんで、いつ辞めようかっていうジレンマがありました」

一回だけの支援、被災地の外からの支援であったならば、大原は悩まなかったはずだ。震災の大きさを目の当たりにしたからこそ、やらなければならない思いと、やってもやってもまだ足りないという焦りが激しくぶつかった。それでも大原は、支援を続ける。

「被災地で大事なのは雇用だと思います。僕は自分の会社を持っているんで、いまは千葉ちゃんなんかと相談しながら、石巻で現地の人たちが働いて現地の人たちが運営するような何かをやりたいと思っています。お金とノウハウは、こっちで出すっていう感じでね。まだ現実にはなっていないんで、何とも言えないですけどね」

大原がオーナーをしている六本木のマハラジャには、金箔やＬＥＤが埋め込まれ豪華に設えられた入口に、まるで場違いな縦四十センチ、横六十センチほどの赤い色紙が貼られている。そこには、石巻のみづほ幼稚園の園児たちが折った折り紙のいちごや花が貼られていた。その真ん中に、黒いクレヨンで一生懸命に書かれたつたない文字があった。

「マハラジャさん、ありがとう」

シンガーソングライター　さだまさし

被災地と積極的にかかわろうとする有名人は多い。明友館を訪れた有名人も数多くいる。しかし、訪れただけでなく、その後も支援活動を続けるとなるとその数は残念ながら多くはない。そんななか、最初の被災地訪問以来、陰日向となり明友館の活動を支えているのがさだまさしである。

きっかけは、NHKの番組『鶴瓶の家族に乾杯』だった。同番組には、「ステキな家族を求めて日本中を巡るぶっつけ本番の旅番組!!」という副題がある。さだは、四月下旬に三十五年来の友人であり、同番組のメインパーソナリティーである笑福亭鶴瓶から五月一日に石巻に行かないかという連絡を受けた。五月一日といえば、深夜に佐賀県でNHKの

『今夜も生でさだまさし』の生放送があるが、それを終えれば、スケジュールが空いていた。さだは朝一番の飛行機で仙台空港へ飛び、石巻で鶴瓶に出迎えられ『家族に乾杯』の収録に合流した。さだが最初に向かったのは、石巻市民会館だった。

「僕は四十年近く歌を歌いながら旅をしているんで、コンサートホールから街を見ることに慣れてしまってね。石巻っていっても市民会館からしか街をひもとけないんですね。それで石巻に入ったときに、とりあえず『オレは市民会館に行く』って向かったんです。そしたら市民会館も津波でやられていてね。ああ、ここはグレープ時代から来てたんだよな、なんて思いながらウロウロしてたんです。そしたら、さだまさしが来てるっていうのをコミュニティFMで聞きつけたおばさんがいて、『いまここに避難してるから』って市民会館の隣の建物に連れて行かれた。なんか汚ないところで、よくここは残ったなあってふら〜っと入っていったら、部屋のなかにギターがいくつも置いてある。そこに千葉くんがいてね。ちょっと話したらストレートな正義感っていうのかな、それが直感で感じられたんだよね」

この日は、さだが東日本大震災の被災地へ入った初めての日だった。

「被災地に入っていくっていうのは、こっちが（精神的に）潰れそうになるから、潰れないように様々に最悪のことまで予測して、覚悟を決めて行くから怖さはない。けれども、どう触っていいか、どこから触っていいかわからないという不安がある。そういう思いのなか、一番最初に触ったのが明友館だったんですよ。千葉くんと出会って話したことが、僕には結構、大きかった。被災地で最初に出会った被災者と言ってもいいぐらいだから。『こんなに頑張ってる奴がいるんだ、オレにできることないかな』って思うことができた。石巻は、臭いも厳しいし被害がものすごかったから、『歌う場合じゃないだろ、これは』っていう不安のなかで、最初につかんだ実体みたいなものが明友館にはあったんですよね。人のつながりってそういうもんじゃないかな。巡り合える人とは自然に巡り合う。それはタイミングじゃないかな、神の采配というか。おばちゃんが無理やり僕を引っ張ってってくれなかったら、どこから手をつけていいかわからなかったしね」

このときの様子が五月三十日の同番組で放映され、明友館の名前が全国的に知られるようになった。さだはこの巡り合いをきっかけに、明友館への支援をするようになる。六月十日にも再びプライベートで明友館を訪れ、五十人にも満たない主婦やお年寄りを前に歌い、トークで観客を笑わせた。

さだは、千葉に初めて会ったとき「困ったことがあったら、オレの顔を思い出すんだよ」と話し、連絡先を交換していた。千葉によれば、幼稚園などから支援物資の要請があり、どうしても用意する目途が立ちそうもないときに、計ったようにさだから電話があるという。さだはこれまでに、園児のために紙ねんどを約五百個、夏場に向けて不足していた子供用の下着二百八十人分など、その他にも様々な支援物資を送り、明友館をサポートしている。なぜ、明友館を支援しようと思ったのか。

「やっぱり、公の力が入っていないということがすごい。力も権力も権利も持っていない一般人が、心意気だけで運営しているコロニーでしょ。やろうと思ってもできないよ。最初に千葉くんに出会って、彼自身が善意の第三者として他人のために生きてることがわかった。ということは、そういう人間を助ける人間も、常に善意の第三者でなきゃダメですよね。それにオレもそれしかできないしね。だから、たまに電話して『困ってることないか』って聞くぐらいでね。できないことは、悪いけどできないよって。でも、あいつが言うのがたまたま用意できちゃう物だったりするんだなこれが。それに彼は決まって、子供たちに必要な物を言うしね。僕のスタッフ、仲間もみんな応援してる。そういうところも不思議でね、明友館って。他とは違う。あと、糸数くん。彼がまたいいんだ。スポークスマンになってるなと。千葉くんのいい女房役で、千葉くんの言い足りないことは糸数君がフォローしてるし、このふたりのコンビなら公の避難所とかわらないくらいの機能はするだろうなって直感で感じたよね」

千葉がなぜ、被災者でありながら善意の第三者として支援活動をするようになったかについて、さだは「音楽」と真摯に向き合った人としての姿勢から思うことがあるという。

「千葉くんは、音楽をずっとやってきたと言っていて、本当に音楽好きなんだなというのがわかる。それがあの災害に遭って、当事者になって覚醒しちゃったんだなっていう気はしましたね。どういうことかというと、音楽というのは神の言語ですから、音楽が好きな人の目指すもののひとつに、天啓というか、天命というか、そういうものを探るということがある。これは僕の勝手な想像ですけど、自分とか社会に対するおぼろげな不安感のなかで『オレはどうするんだ』と探っているうちに、本当の意味での神様の声が聞こえたんじゃないかな。それで、とりあえずやらなくちゃって。そこにもともと彼が持っていた正義感も、グッと前に出てきたんじゃないかと思う。明友館は、公の避難所じゃないから支援物資が来るわけでもない。そのなかで、彼は自分の友人関係なんかを必死で手繰って、本当に困っている人のところへ、公が入って行かれないところへ入って行って救援活動をしていた。いくら本人がその辺のことについてチャラけたことを言おうが、それは伝わりますよ。『あっ、照れてやがんな』って」

明友館の支援活動は、そもそもが被災者自身の手によるということからして、既存のルールや考え方とは違うやり方でやってきた。そのことも、さだの意識に強く響いた。

「今回の震災は有事なんですよ。戦争と同じレベルの国難だと思います。ということは、本来、法律だとか決め事だとかは通用しないんです。そこに縛られちゃいけないんですよ。ところが、いまなすべきことが後手後手に回っていく。そう考えたときに、あまりにも無能だったよね、国がね。結局、政治の基本は千葉くんがやってることなんですよね。一番大事な政治の基本って、自分の声の届く範囲の人の生活を維持し、守ってあげられるかっていうことじゃないですか。国っていう単位になったときに、どれほど大声じゃなきゃだめかってことですよね。そういう意味では、彼がやってることっていうのは、一番小さな単位の政治だと思う。それに、明友館のやり方は本来の有事の際の対処法に適していた。実は、僕らの仲間が震災後すぐに仙台に入って救援活動をしていた。その仲間から、本当に血を吐くようなメールが何通も来ていた。例えば、八十個あるケーキを七十人でどうやって平等に分けるんだという問題。あるいは、五十個のケーキを八十人でどうやって平等に分けるんだと。平等ということを今度の災害で学ばなかったら、この国はダメだというメールを送ってくるのを読んでいて、僕も悶々としていたんですよ。明友館は、ひとつの解決法でしたよね。千葉くん自身も迷ってはいたと思う。迷ってはいたけど、決めなきゃいけなかった。それに、彼はいら立っていた。行政のやり方にすでにいら立っていたんだね。平等に、なんてことを言ってたんじゃ救えないっていう具体的な現実に対応していた。それが、僕にはとってもわかりやすい答えだった」

しかしながら、被災地に対する支援の熱は日を追うごとに冷めてしまう。明友館の被災地支援活動は、これからが難しい。

「僕は歌を歌うっていうパフォーマンスを与えられているから、そこで被災地とつながれるんです。僕が飽きない限り、被災地へ行って歌える。それで、来てくれた人に僕は忘れてないよ、応援し続けてるよって言うことは大切な仕事だと思ってるんです。僕の場合はそういう形で明確につながるヒモがあるけれども、他の人は忘れるね、残念だけど。忘れられるのが寂しいって被災地の人は言うけど、忘れていくんだってことを理解していかなきゃいけない。でもね、だからこそ、まだ被災地を見たことのない人は現場に入って欲しいよね、ことに若い世代には。物見遊山で僕は構わんと思う。現場に行って、現場の人がどんな生活をしているのかを見てくるだけでも何か考えると思う。でも一方で一般人に何ができるかっていうのは、逆に千葉くんが問われてるんじゃない？　本当に厳しいけど、彼に何ができるのかっていうのは、僕らにとっても非常に大きなひな型になっていくと思う。彼は思いがけずに、その役を引き受けちゃったんだな。ツライな、かわいそうだなと思うけどしょうがない。そういう意味では、これからの彼の人生は不安でもあるけど、楽しみでもある。僕にできることは一所懸命に援護射撃しようと思ってます」

第七章　これからの明友館

行政施設という運命

石巻市勤労者余暇活用センター「明友館」は、震災を境に、地域のマイナーなカルチャーセンターから自主避難所となり、また支援物資の供給基地となった。

石巻市は十月十一日、震災から七ヵ月をもって市内の全避難所を閉鎖した。ただし、自宅のリフォームなどで家に住むことができない人については、避難所ではなく待機所を設け、そこに移ってもらう措置が取られた。明友館も、避難所としての機能は十月十一日に失効しており、最後の避難者となっていた高橋てる子も仮設住宅に移った。だが、被災者を支援する拠点としての役割について行政は、認めたとも、認めないともつかない態度を示したままとなっていた。

行政から千葉へ話し合いの場を設けてほしいと打診があったのは、十月中旬のことだった。副市長が十月三十一日に明友館へ来た。話し合いの結果、明友館は市へ明け渡すことが決まった。しかし、これまでの支援活動の功績が認められたこともあり、行政は別の公共施設を平成二十四年三月末まで無償提供する決定を下した。

移転先は、明友館から海に向かって約二キロ先にある湊小学校の通りをはさんで向かい側にある「石巻市総合福祉会館みなと荘」となった。鉄筋コンクリート二階建ての施設は、二百七十人を収容できる集会室や八十人収容の老人娯楽室などがあり、明友館よりも広い施設である。名称こそ「みなと荘」へと変わったが、千葉の支援態勢は明友館にいたころと変わることはない。

十一月第三週目には、明友館からの引っ越しが行われた。

困っている人がそこにいる

日常生活が津波によって破壊された。震災直後の石巻で、残された瓦礫を前に復興までの道のりを考えたとき、瓦礫の撤去にいったいどれほどの年月がかかるのかと途方に暮れた。いま再び同じ場所に立つと、そこに瓦礫はない。うず高く積まれた家屋の廃材や鉄の塊、ひしゃげた自動車も、その場所からは運び出された。汚泥の臭いも、海水が上がってきた生臭さも、乾いた泥の砂埃もない。表出した土からは雑草が生い茂り、海まで見渡せる草地が続く。町はきれいに片付いた。では、被災者はどうなったのか。

町が片付くことと、被災者の生活が良くなることは比例しない。避難所も閉鎖され、仮設住宅に移ることで被災者の生活が安定し、あとは自立への道を順調に進むだけというのは、大きな誤解である。仮設に移ってはじめて、被災者は自ら置かれた状況に直面し、目の前に大きな穴が口を空けていることに気づく。仮設に移ったら即自立というのは、被災者が抱える問題を一足飛びに済ませているに過ぎない。いまいちど、被災者の置かれた現状を考えねばならない。自ら被災者である千葉は、こう語る。

「いまは石巻には圧倒的に仕事がない。仮設に入っても、借金して生計を立てていく人も少なくない。仮設の期限が二年なのか三年なのかわからないけど、その後の本当の自立した生活のための貯蓄が二、三年でできるかといえば不可能だよ。それは仮設に限ったことじゃない。家はなんともなくても、例えば、団地に住んでいる母子家庭でお母さんのパートがなくなってしまったというような話はいっぱいある。子供のお絵描きセットだって買ってあげられないような状態。他にも、被災地から被災していない学校に転校して、学校の先生に『お習字の道具を持ってきてください』って言われるんだけど、流されて何もないとかね。先生も少し考えれば、『被災地域の学校から来たから、もしかしたらこの子は何も持ってないんじゃないか』ってわかるはずなんだけど、思い至らなくて持ってこさせようとする。そうすると、親はどうしよう、買う店はあるけどお金がないってことになる。そういう人たちの雇用を石巻市が与えることができるかっていうとそうじゃない。仕事場そのものが流されてる人だって大勢いる」

町からは瓦礫が取り除かれ、道路も整備され、スーパーには震災前のように物が売られている。避難所から仮設住宅に移った被災者は住居を得た。町は以前のようにその機能を回復しつつある。しかし、自立をするのに最も重要な仕事がない人、仕事はあっても給料が以前より少なくなっている人も多い。仮設住宅にいられる二年の間に、できるだけ出費を抑え、本当の自立へ向けて毎日を暮らさなければならない。そこに手を差し伸べることに議論は必要ないはずである。

支援の手が続く限り

支援を必要とする被災者はまだまだいる。彼らのすべてを助けることが、明友館の活動かというとそうではない。糸数は、支援活動の在り方をこう考えている。

「明友館は、結局、ここに来た人、困ってる人しか助けないですから。絶対にムダなことはやらないし、全員を助けるなんてできないし。それでいいともやっぱり思う。それ以外に、やりようがないいんじゃないかな」

ただ、支援活動を維持し続けることは、震災から時間が経つにつれてどんどん難しくなっていく。千葉が、その難しさについてこう話す。

「明友館のサポーターがお金や物資を援助してくれて、この活動が成立してるんだけど、この先それは、どんどん狭まっていくと思うんだよね。サポーターの熱が冷めていろんな活動ができなくなっても、明友館を窓口にして被災地に何かをしたいという人がいる間は、続けていこうと思う。ただ、支援する人と、困っている人の比率が逆転することが怖い。支援を受けたい方がいっぱいいるのに、明友館を通して被災地支援をしてくれるサポーターの熱がどんどん冷めてしまって、要望に対応し切れなくなる。それを想像すると怖い気がするけど、そうならないことを信じてやっていくしかないよね」

被災地以外の人々の関心が薄れないようにするには、どうすればいいのか。

「まず、被災者のためと、それを支援してくれる人の気持ちに応えるために、ここでやることをしっかりとやらなければいけない。そのためには、まずブログで情報を発信して、これまで関わった人たちに被災地の生の情報を出していく。一度でも、『もう被災地って大丈夫じゃん』なんてことになったら、それで終わってしまう。これからも、まだまだ復興の段階で、困る人は出てくるからね。いまは、ほとんどのサポーターの方が僕と連絡が取れて、直接、こちらのニーズを発信できる距離感の人脈なので、あとはごり押しするところはごり押ししますよ。ちょっと、はた迷惑だなと思われても、それは個人的な理由のためではないですからね。仮に『明友館がちょっと面倒くさいこと言ってんな』となろうとも、それで自分が悪役になろうとも、それでどこかの状況が良くなったり、誰かの負担が少しでも軽くなればいいと思ってるんですよ」

ひと呼吸置いた千葉は、最後に言った。

「いままでの人生、良いことばかりしてきたわけじゃないからさ、罪滅ぼしのためにこれぐらいのことしないとね」

罪滅ぼしをする男の笑顔は、これからも明友館とともにある。

あとがき

　初めて明友館を訪ねたのは、震災から四ヵ月経った七月十一日のことだった。当時、石巻に限らず被災地ではハエが大量に発生していて、談話室で初めて千葉さんと話したときも視界のなかでは常に数匹のハエが舞っていた。

　今回の新書は、写真家の名越啓介さんが四月から明友館の活動をカメラに収めていたことをきっかけにして動き出した。初めて名越さんから明友館について伺ったとき、次第に熱を帯びていくその話しぶりと、次々に語られる魅力的とも思える明友館の人々の話に引き込まれていったことを覚えている。

　実際に目にした明友館は、想像以上にすごい避難所だった。そこにいる人たちは何かを待つというより、即座に行動を起こす準備ができているというのか、笑って話しながらも、ほどよい緊張感を持っていた。

　震災直後のことを話す千葉さんの語り口は独特で、いつしか視界に入っていたハエのことなど気にならなくなっていた。結局は、想像することしかできない震災の体験や避難所での生活について、明友館の人々はじっくりと、思い出すのも辛いであろう記憶も含めて語ってくれた。また、糸数さんが記録していた震災直後からのメモもまた、私の想像に、より具体的な色を加えてくれた。

無事にこの本が出版されたことについて、明友館の方々はもちろん、被災地でお会いしたすべての方に感謝いたします。そして、震災で亡くなられた方々が安らかに過ごされるよう、心からご冥福をお祈りいたします。

頓所直人

明友館の活動は、被災された方々の一日も早い自立を願う気持ちで成り立っています。

「明友館支援活動基金」の振込先
三菱東京ＵＦＪ銀行　仙台中央支店　普通　１３８７１４９　名義　チバヤスヒロ

頓所直人（とんしょ なおと）
一九七六年東京都生まれ。週刊プレイボーイの記者として政治、経済から殺人事件まで幅広く取材。精神医療現場や貧困など社会問題をテーマにした特集に取り組み、好評を得る。震災後は福島はじめ、被災地での取材に軸をおいて活動中。

名越啓介（なごし けいすけ）
一九七七年奈良県生まれ。写真家。大阪芸術大学卒業。九七年から世界各地で廃ビルや廃屋を不法占拠して住み着く、スクウォッターたちとの共同生活を撮影。著書に『EXCUSE ME』（トキメキパブリッシング）、『CHICANO』（東京キララ社）、『SMOKEY MOUNTAIN』（赤々舎）がある。

笑《わら》う、避《ひ》難《なん》所《じょ》

二〇一二年一月二二日 第一刷発行

集英社新書〇六二六N

著者……頓所直人《とんしょなおと》　写真……名越啓介《なごしけいすけ》
発行者……館 孝太郎
発行所……株式会社集英社
東京都千代田区一ツ橋二-五-一〇 郵便番号一〇一-八〇五〇
電話 〇三-三二三〇-六三九一（編集部）
〇三-三二三〇-六三九三（販売部）
〇三-三二三〇-六〇八〇（読者係）
装幀・組版……マッチアンドカンパニー
印刷所……凸版印刷株式会社
製本所……加藤製本株式会社
定価はカバーに表示してあります。

 ISBN 978-4-08-720626-5 C0236 Printed in Japan

a pilot of wisdom

集英社新書　好評既刊

空《くう》の智慧、科学のこころ
ダライ・ラマ十四世／茂木健一郎　0614-C

仏教と科学の関係、人間の幸福とは何かを語り合う。『般若心経』の教えを日常に生かす法王の解説も収録。

小さな「悟り」を積み重ねる
アルボムッレ・スマナサーラ　0615-C

不確かな時代、私たちが抱く「迷い」は尽きることがない。今よりずっと「ラク」に生きる方法を伝授。

発達障害の子どもを理解する
小西行郎　0616-I

近年、発達障害の子どもが急増しているが、それはなぜか。赤ちゃん学の第一人者が最新知見から検証。

愛国と憂国と売国
鈴木邦男　0617-B

未曾有の国難に、われわれが闘うべき、真の敵は誰か。今、日本人に伝えたい想いのすべてを綴った一冊。

巨大災害の世紀を生き抜く
広瀬弘忠　0618-E

今までの常識はもう通用しない。複合災害から逃げ切るための行動指針を災害心理学の第一人者が検証する。

事実婚　新しい愛の形
渡辺淳一　0619-B

婚姻届を出さない結婚の形「事実婚」にスポットを当て、現代日本の愛と幸せを問い直す。著者初の新書。

グローバル恐慌の真相
中野剛志／柴山桂太　0620-A

深刻さを増す世界経済同時多発危機。この時代を日本が生き抜くには何が必要か。気鋭の二人の緊急対談。

フェルメール　静けさの謎を解く
藤田令伊　0621-F

世界で愛される画家となったフェルメール作品の色彩や構図、光の描き方を検証。静けさの謎に迫る。

量子論で宇宙がわかる
マーカス・チャウン　0622-G

極小の世界を扱う量子論と極大の世界を扱う相対性理論。二つの理論を分かり易く紹介し、宇宙を論じる！

先端技術が応える！　中高年の目の悩み
横井則彦　0623-I

目の違和感やドライアイ、白内障、結膜弛緩症など、気になる症状とその最新治療法を専門医が紹介する。